本丛书是

国家社会科学基金"十三五"规划教育学重大招标课题
"中国特色社会主义教育理论体系研究"(课题批准号:VAA190001)之成果

上海市社会科学界联合会中国教育学学术话语体系
与创新研究基地成果

"生命·实践"教育学研究丛书
总目

1. 理论基石:叶澜教育思想的概念生成研究　　伍红林　侯怀银◎著

2. 回到元点:叶澜教育思想的形上之维　　孙元涛　刘良华◎著

3. 理实转化:叶澜"教育理论—实践观"研究　　李政涛◎著

4. 现代转向:叶澜学校变革思想研究　　卜玉华◎著

5. 生命自觉:叶澜教育价值思想研究　　张向众◎著

6. 天地人事:叶澜终身教育思想研究　　李家成◎著

7. 成己成人:叶澜教师观解读　　王枬◎著

8. 诗性智慧:叶澜教育研究的审美意蕴探究　　张永　庞庆举◎著

9. 生成之路:叶澜与"生命·实践"教育学派创建　　袁德润◎著

丛书责编　韩华球　刘立德

本卷责编　赖婷婷　张茹丹

"十四五"国家重点图书出版规划项目

"生命·实践"教育学研究丛书

王枬 李政涛 ◎ 主编

天地人事：叶澜终身教育思想研究

李家成 ◎ 著

中国教育出版传媒集团

人民教育出版社

·北京·

图书在版编目（CIP）数据

天地人事：叶澜终身教育思想研究／李家成著. —北京：人民教育出版社，2022.4
（"生命·实践"教育学研究丛书／王枬，李政涛主编）（2023.4重印）
ISBN 978-7-107-36388-7

Ⅰ.①天… Ⅱ.①李… Ⅲ.①叶澜－终身教育－教育思想－研究 Ⅳ.①G40-092.76

中国版本图书馆CIP数据核字（2022）第012651号

天地人事：叶澜终身教育思想研究

出版发行	人民教育出版社	
	（北京市海淀区中关村南大街17号院1号楼　邮编：100081）	
网　　址	http://www.pep.com.cn	
经　　销	全国新华书店	
印　　刷	山东临沂新华印刷物流集团有限责任公司	
版　　次	2022年4月第1版	
印　　次	2023年4月第2次印刷	
开　　本	787毫米×1 092毫米　1/16	
印　　张	15	
字　　数	206千字	
印　　数	2 001~4 000册	
定　　价	58.00元	

版权所有·未经许可不得采用任何方式擅自复制或使用本产品任何部分·违者必究
如发现内容质量问题、印装质量问题，请与本社联系。电话：400-810-5788

总 序
学派建设：在深究与阐述中共进

为他人研究我的教育思想的丛书写序，这是我有生以来第一次，可以肯定也就这么一次了。何以如此？是自我膨胀到无以复加的地步了？非也。我可以肯定地回答，头脑尚清醒。说到底，只因这里的"他人"是特殊的"他人"，是我的学生，更重要的是，他们是"生命·实践"教育学派团队的核心成员。我这样做，是出于现阶段本学派建设的需要：完成代际转换。

也许是因为忙碌，不知不觉间，我已跨入晚年这一生命的最后阶段。若问什么是还让我操心和放不下的，那就是"生命·实践"教育学派的持续发展。作为首创者，我有不可推卸的责任，就是使他们——既是学派建设的参与者，又是今后学派建设后续的中坚力量，有更长足的学术成长与发展。我认为，学派建设需要他们对我的教育思想有作为学派成员意义上的、更为深入的了解和研究。于是我生出此意：趁我现在尚清醒，开始推动"'生命·实践'教育学研究丛书"的写作。大家对此欣然赞同。自2018年3月桂林会议始，至今年3月已整整三年了。大家先是各自按自己的研究基础和兴趣做选择、提出专题，然后再共同讨论。从确定丛书的书目，到一本本提纲的讨论，线上线下，一次、二次……直到大家思路基本一致，每个人才开始写作。丛书共9卷，由王枬、李政涛任主编。因我是全过程的参与者，大家给了我一个相对轻松的任务：写丛书总序。

　　对年轻人过多的操心和不放心，也许是老年人的通病。我在学派建设上尤其如此。进入2021年5月，我连续几天通读了每一部发给人民教育出版社的书稿，知道自己过虑了。从提交的书稿看，作者都尽心尽力地做着，不仅大量阅读了我的论文、专著、讲话稿，而且大量阅读了相关主题的国内外论著，在阐发中拓展和深化了对学派关键性问题的认识。无论是对概念、元研究、教育价值、学校改革大主题的研究，还是从理论与实践的转化、教师发展、终身教育、审美等多维度切入的研究，包括相当详细的学派创生史的撰述，都让我为他们的视界和深思、学术上的成熟和个性呈现而惊喜。我实在是"多虑"了。其实，何止"多虑"，我在不少方面已不如他们了。他们已经发我之未发，述我之未述，清我之未清，理我之未理了。

　　我为有这样一支来自曾是我的学生的学派创建的合作者和新生代的力量而倍增信心。多年来，我读他们的时候为多，这套丛书是他们合在一起读我。学派建设初期，这样的队伍结构不可避免，但随着我的淡出，他们将站在学派建设的舞台中央。这次是他们第一次集中的群体亮相。其中，可以读出的不仅是他们在学术和思想、功底和才华上各有千秋，还可以读出一起成长的浓浓的师生情和创建学派的共同追求。

　　情，是要一起做成任何事不可或缺的黏合剂，但也许正是"情"，会妨碍、局限和遮蔽他们对我思想的不足及问题的深度揭示与批判。但无奈，我只能先让非我的"局中人"来写。书稿完成以后的公开出版，正是为了让更多的"非局中人"来审视我和他们，对促进我们的学派建设提出批评和帮助,也期望能为中国教育学的建设、为更多学派的诞生提供资源或借鉴。

借此序,我讲出自己的心愿和期望;借此序,我表达对团队的深深感激;借此序,我深谢人民教育出版社,这一素以稳健持重享有盛誉的教育出版社,助"生命·实践"教育学派这个尚还幼稚的学术生命体一臂之力。尤谢各位责编的鼎力相助。

叶澜

2021年5月9日于上海

本卷前言

本书聚焦的是叶澜的终身教育思想，力图在当前学习型社会建设背景下，在建构服务全民终身学习的教育体系的实践与研究格局中，聚焦终身教育研究领域中的基本问题、核心问题，探讨叶澜的终身教育思想及研究方法论。

全书的写作以已有研究为基础，力图体现如下特征。

一是对叶澜终身教育思想的深度解读。笔者通过研读叶澜的著作，体悟叶澜的教育研究范式，结合笔者在"生命·实践"教育学派建设中的研究经历与真实体验，阐发叶澜在终身教育领域的相关成果。在呈现方式上，本书力图展现叶澜相关思想的结构，分析其研究立场、思维方式，突出其终身教育思想的内在有机性。

二是在国际国内终身教育改革发展研究的背景下展开。鉴于学习型社会、终身教育研究的历史背景与当前情境，本书力图将叶澜的终身教育思想，与当下的终身教育研究与实践联系起来，建立起沟通对话关系，阐述叶澜终身教育思想对于当前终身教育发展的启示。

三是对相关基本问题、核心问题的开放性研究。本书不仅系统总结了叶澜的终身教育思想，而且结合笔者和合作者所开展的研究，继续提出问题、阐发观点、分享成果，进而形成更开放的对话格局，继续拓展"生命·实践"教育学派的研究空间。

本书导论总体阐述叶澜作为教育学家，其研究成果的内涵所具备的终身教育的特质，从而改变将终身教育研究与教育学研究割裂的倾向性。第一章聚焦终身教育的内涵，介绍叶澜对朗格朗终身教育思想的解读，并讨论如何在当代背景下厘清这一核心问题，形成对终身教育内涵的合理认识。第二章梳理叶澜有关人的发展的终身性和内动力的思想，进一步明晰终身教育中关于人的发展的研究，并联系当前社区教育、老年教育、学习型城市建设等具体实践。第三章呈现叶澜有关终身教育之"事事"维度的探讨，是对现有研究缺失的填补。笔者也对该主题做了进一步的阐发。第四章、第五章以"社会教育力"和"教育的自然之维"为主题，分别论述叶澜有关教育与社会、教育与自然两大维度的思想，并结合学习型城市和学习型乡村建设领域的相关研究，呈现叶澜相关思想的独特性和价值。

  本书的写作，既是在充实、发展"生命·实践"教育学的意义上，对叶澜终身教育思想进行全面阐发，也是在我国终身教育改革与发展的背景下，对当代终身教育若干基本问题、核心问题进行深入探讨。真诚邀请更多同人投入本领域的研究。

李家成

2021年5月

（李家成系上海终身教育研究院执行副院长，华东师范大学教育学部教授、博士生导师）

目 录

导论 教育学家叶澜的终身教育研究 / 1
  一、理论底蕴 / 2
  二、教育情感 / 8
  三、创造勇气 / 11
  四、生命自觉 / 15

第一章 终身教育的内涵 / 19
  一、当前实践与认识状态 / 20
    （一）政策中的认识状态 / 20
    （二）实践中的认识状态 / 29
  二、叶澜对朗格朗终身教育思想的解读与阐释 / 33
    （一）研究的思路 / 34
    （二）具体的解读与表达 / 38
    （三）明确终身教育的立场与视界 / 44
  三、对当前终身教育改革与发展的启示 / 48
    （一）终身教育是一系列思想观念 / 49
    （二）终身教育是一种价值取向 / 50
    （三）终身教育是一类思想方法 / 53
    （四）终身教育是一个发展战略 / 57

第二章 人的发展的终身性与内动力 / 61

一、当前"终身教育"实践对人的发展的理解 / 62
（一）关注终身，但未能对个人进行深入研究 / 62
（二）重视学习者中心，但对人的主体性研究需要加强 / 66
（三）教育中互动生成研究的缺失 / 68

二、叶澜对人的发展的研究 / 71
（一）生命全程背景下人的发展研究 / 72
（二）终身发展视野下人的发展的内动力 / 83
（三）教育中的具体个人观与教育中的互动性 / 87

三、对当前终身教育改革与发展的启示 / 90
（一）凸显具体个人，关注"每个人" / 90
（二）基于人的差异性，形成"共学互学"的主体间关系形态 / 95
（三）在创造性的终身教育实践中丰富和发展人的终身发展理论 / 98

第三章 事事皆可为学 / 105

一、缺失的"事事"之维 / 106
（一）叶澜对终身教育所缺之维的发现 / 106
（二）新视角下对终身教育研究状态的再认识 / 109

二、"生命·实践"教育学的贡献 / 113
（一）清晰的教育研究方法论指导 / 113
（二）突出"生命·实践"教育学的研究视角 / 114
（三）推动研究性变革实践的价值实现 / 118

三、对当前终身教育改革与发展的启示 / 122
（一）促成整体结构的完整 / 122
（二）在新冠肺炎疫情防控中继续研究终身教育 / 129
（三）充实富有"生命·实践"特征的当代中国终身教育研究 / 139

第四章　社会教育力 / 143
一、学习型社会建设的理论再探 / 143
（一）对富尔所写序言中相关内容的解读 / 146
（二）对《学会生存——教育世界的今天和明天》中专篇的解读 / 148
（三）重组相关观点后对"学习型社会"的再表达 / 150

二、叶澜有关社会教育力的思想 / 153
（一）对当代"教育与社会"关系的再审视 / 154
（二）社会教育力的内涵阐释 / 157
（三）当代中国社会教育力的实存状态 / 161

三、社会教育力聚通与提升的持续研究 / 164
（一）加强家校社协同育人 / 165
（二）促进社会力量支持高等继续教育和老年教育的发展 / 167
（三）通过"学习型社会"建设对接以人为中心的社会发展 / 171

第五章　教育的自然之维 / 177
一、社会层面的重建 / 179
（一）社会发展不能缺失自然之维 / 179
（二）城市发展中的自然之维 / 188
（三）美丽乡村建设中的自然之维 / 193

二、教育系统层面的重建 / 201
（一）逐步形成健全的终身教育体系 / 201
（二）区域层面建设完善的教育体系 / 202
（三）教育系统的生态建设 / 203

三、学校教育层面的重建 / 204
（一）改变学校的时空设计 / 205
（二）深化学校教育活动的改革 / 207
（三）发挥农村学校办学优势 / 209

参考文献 / 213

后记　我辈当自强 / 220

导论　教育学家叶澜的终身教育研究

> 教育研究的目的至少有二：一是发展教育学理论；二是对当前中国的教育改革与发展做出有推进指导价值的贡献。若不以此两方面为目的，不管是直接的还是间接的，教育研究都会成为学者的自娱自乐或者谋生、晋升的工具，那是所谓研究者的真正沉沦。[①]

——叶澜

在非常多的场景中，叶澜坚持自己是一名"教育学家"，是一名从事教育基本理论研究的学者。这样的自我定位，为开展终身教育研究提供了怎样的新视角？在当前以成人教育、老年教育、社区教育、学习型城市建设等为主要载体的"终身教育"[②]研究现状下，叶澜的终身教育研究有怎样特殊的启发意义？

---

① 叶澜.转化融通在合作研究中生成——四论教育理论与教育实践的关系[J].教育研究，2021，42(1): 46.
② 本书中加引号的"终身教育"一词，表达的是在当前成人教育、社区教育、老年教育、开放教育等研究领域所使用的概念内涵及其边界；不加引号的"终身教育"一词表达的是本书所理解和倡导的体现"人人、时时、处处、事事"特征的终身教育。详细阐述请参考本书第一章。

本书聚焦的是叶澜的终身教育思想。她作为我国当代教育学家，有其独立的思考、持续的探索、坚定的理论建构、坚实的实践创新。"导论"要回答这样一个问题：作为一名教育学家，叶澜的研究与终身教育研究有着怎样的关系？或者说，在终身教育研究领域，我们为什么要重视叶澜的研究成果？

一、理论底蕴

作为20世纪明确提出的重大教育思想，终身教育一直受到诸多国际组织、国家和地区的重视。在政策制定者、教育理论研究者和实践者的话语体系中，"终身教育""终身学习""学习型社会"等关键词一直有重要的地位。

1995年3月18日，第八届全国人民代表大会第三次会议通过《中华人民共和国教育法》，其中共三次使用"终身教育"一词。在重大报告文本中，"终身教育"同样频繁出现，且常与"学习型社会""继续教育""终身学习"等概念相联系。例如，党的十六大报告提出："形成全民学习、终身学习的学习型社会，促进人的全面发展。"党的十七大报告提出："建设全民学习、终身学习的学习型社会。"党的十八大报告提出："完善终身教育体系，建设学习型社会。"党的十九大报告提出："办好继续教育，加快建设学习型社会，大力提高国民素质。"实践的发展和政策的推动都在呼唤终身教育理论。

终身教育不是各类教育的拼凑，而是新的整体，需要坚定、清晰的系统意识；不是某一类型教育的补缺，而是面向全体、全生命周期的教育，需要坚定、清晰的全局意识；不是某一教育教学方法的改进，而是教育思想、实践、政策的整体变革，需要坚定、清晰的融通意识。上述一切，都需要高度严谨有序的理性思维，需要界定清晰的内涵和外延。

1991年,叶澜在《教育概论》的第一章中开宗明义地强调:"教育——复杂、开放的社会系统。"[①]这一定位和之后的详细阐述,至少有两点值得注意。

一是她对教育内涵的理解。该章重点讨论的是教育的概念、基本要素及其相互关系、教育系统的结构与功能,尽管这里并没有使用"终身教育"这个词,但其本质是一致的。"终身教育"不是"教育"之外的另一个事物,而是以"终身教育"之名揭示、呈现"教育"的当代内涵;终身教育也不是教育的构成部分或维度,而是对教育内涵的一种理解和表达。因此,没有对教育内涵的理解,也就难以开展终身教育研究。正是在这一意义上,当前"终身教育"领域的研究迫切需要与教育基本理论研究实现内涵的沟通与对话。在各类具体的老年教育、社区教育实践中,如何以"教育"(终身教育)的内涵来透视、解读、引领发展,有着广阔的空间。

在基本概念界定上,叶澜对于教育的内涵理解,就直接说明了教育与终身教育的关系。她曾如此写道:

> "教育是有意识地以影响人的身心发展为直接目标的社会活动。"此定义与王国维1905年编著的《教育学》"绪论"中关于教育的定义"教育者,成人欲未成人之完全发育,而所施之有意之动作也",在强调可称为"教育"的活动必须是"有意识"的这一点上,两个界定是一致的。它们的区别在于:本人将教育作用的直接对象看作所有人,及贯穿人一生的身心发展,王国维则限于成人对儿童。这与论者所处时代不同有关。本人的概念界定,是在终身教育视界中的考量。在可称之为"教育活动"的总体构成中,又"可将教育分为机构性的正规教育(不同层次正规教育活动的组织之间的性质与相互关系,构成学校教育制度)和

[①] 叶澜.教育概论[M].北京:人民教育出版社,1991:1.

机构外的家庭与社会教育。两类教育活动对人的影响之区别，主要不在时间分布，而在空间和作用的方面与方式上"，简而言之，"教育由正规的机构性和非正规的机构外两大形态组成"。[①]

二是她对教育之复杂性、开放性的理解，直接呈现出终身教育的独特性。作为一个复杂的系统，终身教育涉及多类型、多层次、多主体的教育，在时空结构、资源构成、方式方法等方面，都有着丰富多元的特点。而在具体的老年教育、社区教育等教育实践中，它们包含着与自然、社会的广泛互动，但也不可否认，当前的老年教育、社区教育等与中小学、高等教育等正规教育仍处于割裂状态。通过对"教育"（终身教育）系统特征的把握，可以非常准确地把握当前"终身教育"系统的发展状态，并用系统思维来引领、保障终身教育的健康发展。

在多年的研究中，叶澜以系统思维认识教育改革与发展，持续探索教育研究方法论、教育与自然和社会的关系等基本问题。而这样的思维方式，在我国进入发展的新时代背景下，显得更为重要，尤其是在经济社会发展的宏观政策、战略设计层面。作为一名教育学家，叶澜保持着对时代的高度敏感，养成深度研究社会发展战略的习惯。因此，她对中国教育改革与发展的判断，以及其中的深刻内涵，都在相关"时代精神""理想新人"的研究中，在社会教育力、教育的自然之维等系列性的成果中清晰地表达出来。

在2019年9月9日召开的中央全面深化改革委员会第十次会议中，习近平强调，落实党的十八届三中全会以来中央确定的各项改革任务，前期重点是夯基垒台、立柱架梁，中期重点在全面推进、积厚成势，现在要把着力点放到加强系统集成、协同高效上来，巩固和深化这些年来我们在解决体制性障碍、机制性梗阻、政策性创新方面取得的改革成果，推动各方面制度更加成

---

① 叶澜.终身教育视界：当代中国社会教育力的聚通与提升[J].中国教育科学，2016（3）：57.

熟更加定型。① 2021年2月19日，中央全面深化改革委员会第十八次会议也指出，要把加强改革系统集成、推动改革落地见效摆在更加突出的位置。会议进一步要求要有系统观念和辩证思维。②

习近平在《关于〈中共中央关于制定国民经济和社会发展第十四个五年规划和二〇三五年远景目标的建议〉的说明》中，特别就建议稿提出的一些重要观点和论述做了说明，其中包括："第六，关于坚持系统观念。建议稿提出，'十四五'时期经济社会发展必须遵循坚持系统观念的原则。党的十八大以来，党中央坚持系统谋划、统筹推进党和国家各项事业，根据新的实践需要，形成一系列新布局和新方略，带领全党全国各族人民取得了历史性成就。在这个过程中，系统观念是具有基础性的思想和工作方法。"他强调："全面建成小康社会后，我们将开启全面建设社会主义现代化国家新征程，我国发展环境面临深刻复杂变化，发展不平衡不充分问题仍然突出，经济社会发展中矛盾错综复杂，必须从系统观念出发加以谋划和解决，全面协调推动各领域工作和社会主义现代化建设。"③《中共中央关于制定国民经济和社会发展第十四个五年规划和二〇三五年远景目标的建议》明确要求"坚持系统观念"，"加强前瞻性思考、全局性谋划、战略性布局、整体性推进，统筹国内国际两个大局，办好发展安全两件大事，坚持全国一盘棋，更好发挥中央、地方和各方面积极性，着力固根基、扬优势、补短板、强弱项，注重防范化解重大风险挑战，实现发展质量、结构、规模、速度、效

---

① 中华人民共和国国务院新闻办公室. 习近平主持召开中央全面深化改革委员会第十次会议强调 加强改革系统集成协同高效 推动各方面制度更加成熟更加定型［EB/OL］.［2019-09-09］.http：//www.scio.gov.cn/tt/xjp/Document/1663923/1663923.htm.

② 新华社. 习近平主持召开中央全面深化改革委员会第十八次会议并发表重要讲话［EB/OL］.［2019-09-19］.http：//www.gov.cn/xinwen/2021-02/19/content_5587802.htm.

③ 中国政府网. 习近平：关于中共中央关于制定国民经济和社会发展第十四个五年规划和二〇三五年远景目标的建议的说明［EB/OL］.［2020-11-05］. http：//www.gov.cn/xinwen/2020-11/03/content_5556997.htm.

益、安全相统一"①。

在当前的终身教育研究领域，迫切需要以系统观念统领发展，提升终身教育研究领域的思维方式自觉与战略自觉。在这方面，叶澜通过开展教育基本理论研究、教育发展战略研究、教育实践研究，提供了综合复杂的思维方式的范例。如在《教育概论》中，叶澜有关教育—社会—人的互动关系的论述为其终身教育研究提供了基本结构。当这份理性的力量融入对教育发展战略的研究，便建立了与终身教育研究的直接联系。例如，叶澜在对"社会教育力"的研究中曾说道：

> 整体全局性的重建，集中精练地体现在"发展理念"中，"创新""协调""绿色""开放""共享"，是政府就今后五年关于发展理念的概念式表达。每个概念都内含着对现存问题的反思和发展希求的诉说，我们可以由此入手，读懂今日中国。
>
> ……
>
> 正是在上述研究、分析、解读之中，我们越来越清楚地认识到：今日中国社会的发展，不仅儿童、青少年需要教育，成人，包括老年人，同样或者说更需要教育；不仅社会的发展需要加强贯穿于个体从生到死的生命全程的教育，而且社会，也只有依靠全社会的力量，才能形成教育人、促进人不断超越自我，实现终身发展的现代教育体系大格局。②

在叶澜早期的论著中，她将教育的内涵理解与对不同年龄段的人的发展

---

① 中国政府网.中共中央关于制定国民经济和社会发展第十四个五年规划和二〇三五年远景目标的建议[EB/OL].[2020-11-05]. http://www.gov.cn/zhengce/2020-11/03/content_5556991.htm.
② 叶澜.终身教育视界：当代中国社会教育力的聚通与提升[J].中国教育科学，2016(3)：49-55.

结合起来，阐述了"教育与人的发展——人生阶段与教育"。她强调："这一内容将有助于我们加深对教育对象及不同年龄段教育的认识，也使我们反思、认识自己已经走过的人生历程和了解将要经历的人生未来阶段。这种反思，不仅对于我们加深对生命意义的认识是必要的，对于做一个成功的教育者也是有价值的。"[1]这样的判断，突出了对人的生命全程研究的重要性，而正是这样的研究，与终身教育所推崇的人的终身学习、终身发展合为一体。在认识上，她明确指出："无论是从当代有关人的发展观念的变化考虑，还是从心理学的研究成果、教育中终身教育理想的提出考虑，我们都应把人生阶段的划分问题扩展到生命的全过程，而不局限于从出生到青春期。"[2]这一明确的取向，使她的论述更加凸显了人的生命全程性，因为"现在已经到了提出深入研究生命的全程任务的时候了"[3]。这样的理性意识也使得她更早关注"教育与人口"的关系，更早提出"如果看到人类面临着人口结构趋于老龄化的前景，那么，对这一点则更无可置疑"[4]。

更为具体的有关人的发展阶段及其联系的认识与理解，我们会在后文中加以阐述，这里要突出的是，作为教育学家的理性意识使得叶澜更清晰、更自觉、更坚定地将教育与人的生命全程的内在关系揭示出来，甚至已经自觉在人口老龄化背景下探讨老年教育问题了。但她一直强调用互动、综合、系统、开放的思维认识教育和教育中的人，一直提醒"人的年龄特征并不是每一年龄阶段各方面特征的相加之和，而是各方面的变化特征及它们相互作用的特定内容与方式，它呈现出结构性与整体性。只有不仅把握住特征的方方面面，而且把握住特征的总体的人，才能更深刻地理解这些特征，并有可能找到相应的教育目标，提出影响处在不同年龄阶段的个体发展的有效策略"[5]。这里不断出现的"相互作用""结构性""整体性""总体的人"等核

---

① 叶澜.教育概论[M].北京：人民教育出版社，1991：240.

②③④ 同①：249.

⑤ 同①：252.

心词，无一不在凸显终身教育研究所需的理性。

二、教育情感

叶澜代表"生命·实践"教育学派提炼的信条之一就是："教育是直面人的生命、通过人的生命、为了人的生命质量的提高而进行的社会实践活动，是以人为本的社会中最体现生命关怀的一种事业。"[1]这让我们感受到（终身）教育鲜活的生命。而正是人的生命的活力、灵动、丰富，使得终身教育拥有了活力、灵动和丰富。但如果研究者本人没能呈现和发展自己丰富的情感，则上述终身教育的特征也将难以被发现、理解和呈现。

在叶澜的研究中，她有着对自然、社会、教育的高度敏感，有着对教育的热切投入和真诚信仰，有着对教育中的人的无限热爱，也有着充满个性和生命活力的研究实践。

在《生命中难忘的25年——关于"新基础教育"研究独特性的感悟》一文中，叶澜写道："不求多，只求真心和诚意，愿意探索，不怕困难，能持之以恒。这是一群有理想、有追求、有担当的合作者，是与时代大潮一起向前奔腾的一组浪花。我庆幸生命中遇到了大时代。把对未来社会的教育理想和新人培养，作为研究的价值取向，这是'新基础教育'研究能持续开展的独特动力构成。"[2]在该文的最后，她写道："我庆幸，做了'新基础教育'研究；庆幸因之而与一批有志者同行；庆幸生命因它而丰盈、美丽。"[3]

叶澜对于天地万物的体悟、理解、热爱，构成其精神生活的底蕴。

这份情感对于开展老年教育、社区教育、乡村教育等的研究，有着重要的价值。在一定意义上，这类教育在当前的教育体系中都不是"显学"，受

---

[1] 叶澜."生命·实践"教育的信条[N].光明日报，2017-02-21(13).
[2][3] 叶澜.生命中难忘的25年——关于"新基础教育"研究独特性的感悟[J].上海教育，2020(31)：40-41.

关注度、获得的支持率都不高,以至于相关研究成果的发表或出版总会遇到一些困难。这些领域又是我国终身教育发展的短板,非常需要更多有志有识、有情有义之人投入其中,开拓创新。

当然,情感的力量和理性的力量结合,并通过人与人之间的相互影响转化为更多人的理解与行动时,其变革教育的力量是巨大的。叶澜在改革实践中,对于教师和校长的培养,同样聚焦这一点:"要有博大的爱心。'新基础教育'要做到底并做出成绩来,需要我们的教师热爱生命、热爱生活、热爱事业、爱自己的祖国和民族,乃至爱人类。没有这些爱,就没有教育者深沉的内在动力。"[①] 当将参与合作研究的校长和教师群体的教育观念和实践作为理解叶澜终身教育思想的参照时,我们更能体会到其独特性。由此而形成的,就不是个体的力量,而是通过每位主体的投入形成的更大主体群的力量。

不只是对于教育系统内的专业人员和专业之事多有研究,作为教育学家,叶澜对于扎根于生活、自然、世界中的人的终身学习、终身发展,也有着天然的敏锐的感知力。在她公开发表的文章中,有两篇非常值得品读。

在写于2003年的《"车"与"道"的学问》中,她记录下与一位司机对话后的感悟:

> 一路过来,我一点也没觉得时间长。临下车时,我千谢万谢,谢他送我回家,谢他这一路给我"上"的从未听过的"课"。谢谢他的思考对我的启迪:他对自己的司机职业,并未满足于驾车技术的娴熟,从经验中提升的思考远远超出了职业的限制。也许,那些管道路建设的领导还没有如此整体的思考。
>
> 想起老话"行行出状元",普通的人、普通的职业,都会有智慧问

[①] 王建军,叶澜."新基础教育"的内涵与追求——叶澜教授访谈录[J].教育发展研究,2003(3):10.

题。其实，智慧对爱智的人来说总是存在的，它并不受职业类型的限制，而是与从事职业的人是否爱思考相关。

想起《论语》所言：三人行，必有我师焉。孔子"每事问""学而不厌"。事与人只要相遇，只要深思，就会有问。学习是可以时时、事事发生的。学习，不只是读书，今天，更应包括向所有你可能遇到的各行各业的高手学习。这样，什么枯燥都会消散，享受的是知与悟的乐趣。①

在写于2004年的《一位出租车司机的告白》中，她再次展现了对一位出租车司机的理解和欣赏：

我又遇到了一位智慧型的司机。他琢磨的不是"车"与"道"的关系，而是作为司机，如何处理人与人的关系，如何调整自己的心态，使原本累的事变得有趣起来。更令人叫绝的是，他确实为自己赚的钱多而自豪，但讲的核心价值却是不要钻进钱眼里，而是要用自己优质的服务和过硬的驾驶技术让乘客满意。恰恰是人满意了，才会有更多钱赚。②

叶澜甚至建议职业学校应该请他们来讲讲职业教育课。

两篇都有关司机，都是对生活中我们的学习与发展的体悟，都是对这样的爱智之人的欣赏。她对"办公室腔"十分反感，对不真、不诚、不实的现象持坚决反对态度，而这，恰恰体现了她对于人的终身发展、全面发展的真诚期待与全身心投入。

---

① 叶澜."车"与"道"的学问[M]//叶澜.俯仰间会悟：叶澜随笔读思录.北京：中国人民大学出版社，2019：11.
② 叶澜.一位出租车司机的告白[M]//叶澜.俯仰间会悟：叶澜随笔读思录.北京：中国人民大学出版社，2019：13.

叶澜的研究，直面社会、自然中的人。在她看来，怎样学会欣赏窗外、墙外的风景和身边的人事，才是教育的必议之题。

三、创造勇气

叶澜旗帜鲜明地倡导培养富有精神力量的时代新人，认为人的精神力量是当代新人形象中最富有特征，又是以往教育最为忽视的一面。在平和、安宁的环境中，精神力量尽管总是存在的，却并不显得清晰和重要，但在环境对人生提出挑战时，精神力量的作用就显得十分重要了。而叶澜正是体悟到时代的变迁，聆听到时代精神的呼唤，才非常清晰地表达出对这一力量的重视，认为精神力量就是人的内在气质。这集中表现在个人的主体能动性上，尤其是对主体内在力量的调控上。她认为："在一个纷繁复杂、变化迅速的社会中，人的生存与发展，不仅与外界社会的需要，与每个人所面临的具体环境、机遇等外部因素相关，而且与个人内在的力量，即精神力量密切相关。"[①]

在论述了"理想新人必须有自信"这一观点后，她进一步强调，理想的新人必须有迎接挑战的冲动与勇气："未来社会的个体与以往的人相比，重要的区别是生命历程中有关未来前景的'保险公司'不再存在了。封建社会中盛行的那种血缘、家族保险必将无效；个人昔日的成就、地位也不会成为终身成就、地位的保障；社会上一度十分抢手、热门的'朝阳'职业，将随着社会急剧变化很快就变成'夕阳'职业；即使是同一种职业，也经常面临着内部更新的任务。所以，个人要生存发展，不但要有应变的能力，而且要有迎接挑战的冲动与勇气；机遇不但垂青于有准备的人，而且最终属于敢抓机遇的人。安逸的环境使人惧怕变动与挑战。而在变动的社会中，只有具有

[①] 叶澜.时代精神与新教育理想的构建——关于我国基础教育改革的跨世纪思考[J].教育研究，1994(10):7.

迎接挑战的冲动，才可能捕捉到机遇，才可能有新的未来。"① 当上述观点与"理想的新人必须有承受挫折和战胜危机的顽强意志""理想的新人必须有正确的人生态度，即追求目标"相结合时，一个充满精神能量的人的形象就更丰满了。

在持续近30年的"新基础教育"研究中，她不仅将这一素养作为"新人培养"的重要目标构成，而且在对校长、教师的培养上也一直坚持探索："从对教师队伍的要求看，'新基础教育'要求在研究中形成富有创造智慧的新型校长、教师和研究人员，并通过他们培养新人。"② 叶澜解释了创造智慧："我们往往把创造理解成一种能力，在此我想要补充几点。第一，创造智慧不只是认识能力，而首先是一种生存态度。在我看来，有创造智慧的人，一定是有勇气的人，他要敢于面对现实、面对问题，在问题和现实的矛盾面前有强烈的迎战冲动，他要敢于抓机遇，最重要的要敢于面对自己，不断地追求对自己的超越。问题、挑战、现实中的矛盾、机遇，都是智慧的磨刀石。"③

《学会生存——教育世界的今天和明天》也认为，教育改革与发展需要有一定的乌托邦精神。在复杂科学视野下，这是真实的主体存在状态与真实存在的可为空间。终身教育研究者就需要在批判、反思的基础上，秉持积极的、开拓的、改革创新的精神，实现现实与理想的对话。在叶澜的研究中，这鲜明地体现在她所倡导的"理想的现实主义"和"现实的理想主义"的思想与实践中。

这一思想也与法国思想家莫兰的观点非常相似。莫兰提醒："重要的是不要做一个平常意义上的现实主义者（使自己适应直接的现实），也不要做

---

① 叶澜.时代精神与新教育理想的构建——关于我国基础教育改革的跨世纪思考[J].教育研究，1994(10): 8.
②③ 王建军，叶澜."新基础教育"的内涵与追求——叶澜教授访谈录[J].教育发展研究，2003(3): 10.

一个平常意义上的非现实主义者（使自己逃避现实的约束），重要的是做一个复杂意义上的现实主义者：认识到现实的不确定性，知道在现实中存在着看不见的可能性。"①《终身教育引论》的作者朗格朗也曾在书中写道："这三种因素——具备许多不同才能的人形成集体，激励人心的历史背景以及来自积极的社会和政治团体的一系列要求——结合在一起以后，将使我们有可能进行法国几乎前所未有的成人教育实验。我感到自己非常幸运，因为我能同这一实验发生联系，并且承担了许多职责和工作。"② 这段充满创造性的经历，对于朗格朗的思想形成有着关键性影响。他总结道："自那时以来，我在成人教育方面有了将近三十年的实际经验，并就这些经验进行了反复的思考。我取得的大部分成就都应该归功于'平民和文化'的实验，这个实验为我们每个人提供了许多有价值的思想和认识问题的方法，在很大程度上我们至今还是依靠这些方法，得益于这些思想。"③ 直到1983年，他在为《终身教育引论》中译本写序时，第一句写的就是："本书作者曾有双重的教育工作经验：一方面，他在中小学和大学任教多年；另一方面，他曾任职工教育中心主任，在其职业生涯的最后一段时间，曾在联合国教科文组织总部秘书处担任终身教育科科长，获得了关于成人教育的坚实理论和实践知识。"④

终身教育的实践与研究，是一定要面对诸多的困难的。缺乏"勇气"的研究者是难以适应终身教育研究这一要求的。叶澜在总结25年的"新基础教育"研究时说："25年的改革研究之路，不是一次性设定之路，而是不断探求，实现阶段式推进，在整体的意义上、从理论和实践两个方面持续深化

---

① 埃德加·莫兰.复杂性理论与教育问题[M].陈一壮，译.北京：北京大学出版社，2004：67-68.
② 保尔·朗格朗.终身教育引论[M].周南照，陈树清，译.北京：中国对外翻译出版公司，1985：8.
③ 同①：12.
④ 作者为中译本写的序[M]//保尔·朗格朗.终身教育引论.周南照，陈树清，译.北京：中国对外翻译出版公司，1985.

和具体化的过程，是不断有发现、创造和欣喜的研究之路。"① 在这一具体的教育创造过程中，"25年的行进之路并不一帆风顺，也有各种风雨变卦，但这些都已被消化成我们成长的力量，与我们自己和学校领导团队、教师的发展相比，都不算什么。所有的付出都值得，我们从未后悔过"②。作为终身教育研究者、实践者、决策人，一定能体会到具体改革实践中的艰难困苦，这也是终身教育本身的复杂性在改革与发展及研究中的具体表达。在"勇者不惧"的意义上，叶澜通过几十年的探索、实践，分享着自己的人生感悟，也给予终身教育研究者多元的启示。

源自对主体的人的无限信任，也源自教育所关注的人的发展本身，她时时提醒作为主体的研究者、实践者、决策者要意识到主体的力量，要以主体的投入而促成系统的更新发展。叶澜曾指出："回避问题的人，找不到路；缺乏智慧的人，闯不出路；没有目标的人，走不长路。直面问题的勇气、善用智慧的才气、实现宏伟目标的大气，今日中国的发展，要想在创造与问题的博弈中走出新路，'三气'缺一不可。"③

这种勇气，也在教育者、教育研究者与教育、社会的多维互动关系中继续发展。在《教育概论》的结束页，叶澜写道："谁如果想成为一名出色的教育者，谁如果愿意把自己的生命献给这一伟大而崇高的事业，那么，谁就应该努力使自己成为富有历史感和时代感的人，成为热爱人、理解人、善于研究人的人，成为深刻地了解社会与教育相关的一切，并对人类社会未来充满信心的人。只有这样的人，才能在为使人类与社会变得更美好的教育事业贡献自己智慧、力量和生命的同时，使自己也变得更美好。"④ 这一结束语，出现在1999年版中，也同样一字未改地作为2006年版的结束

---

①② 叶澜.生命中难忘的25年——关于"新基础教育"研究独特性的感悟[J].上海教育，2020（31）：40-41.
③ 叶澜.终身教育视界：当代中国社会教育力的聚通与提升[J].中国教育科学，2016（3）：49.
④ 叶澜.教育概论[M].北京：人民教育出版社，1991：338.

语。不断品读、回味这一表达，我们能体会到一名教育学者对于教育、终身教育事业发展的深刻体悟，能感受到教育、终身教育对研究者与实践者的召唤。

对于当前终身教育改革与发展而言，不仅需要加强、完善老年教育、社区教育等，而且需要沟通、衔接不同层级和类型的教育；不仅要关注教育系统内部的构成与运行，而且要关注教育系统与社会系统的高质量互动；就终身教育研究而言，也需要在研究方法论的清晰、研究领域的拓展、研究品质的提升等诸多方面探索、形成、发展。所有的这一切，都不可能是一帆风顺的，都需要直面困难与挑战，都需要解决一系列的体制机制、社会文化、教育理念、教育实践等系统问题，也都需要以人的力量不断超越并在过程中不断增强人的力量、实现人的全面发展。

四、生命自觉

自觉的力量是主体的力量，是照亮现实的力量，是促成改变与创造的力量。叶澜几十年的研究实践，充分体现了一名教育学家的自觉，也启发更多终身教育研究者的自觉。

她明确地说："教育研究的目的至少有二：一是发展教育学理论，二是对当前中国的教育改革与发展做出有推进指导价值的贡献。若不以此两方面为目的，不管是直接的还是间接的，教育研究都会成为学者的自娱自乐或者谋生、晋升的工具，那是所谓研究者的真正沉沦。"[①]

对于终身教育研究而言，叶澜的研究有着如下的启示。

一是研究方法论的自觉。

终身教育是个复杂系统，每个主体，每个事件，都可能促成系统的更

[①] 叶澜.转化融通在合作研究中生成——四论教育理论与教育实践的关系[J].教育研究，2021，42（1）：46.

新。因此,终身教育研究不仅仅需要勇气,更需要主体的实践。而如何践行终身学习、终身教育?如何推动中小学为学生的终身发展奠基,进而推动其向终身教育视野下的新型学校转化?如何在高等教育、社会教育的领域开拓创新?叶澜都真实地参与,有个体的践行和团队的投入。

这样的研究过程,将更凸显终身教育研究的特殊性。它需要多主体、多部门、多领域、多层次的沟通,需要将动态的过程作为研究的对象,需要形成多类型的成果形态,进而形成新的发展格局。而这样的研究方法论,在持续近30年的"新基础教育"研究中,都有展现,也对更多终身教育研究者有所启发。

她也在"信条十"中如此概括:"教育学研究需要做出方法论的改造与探索,用复杂思维形成综合抽象、研究过程中的互动生成与转化机制。改变两极对立的简单思维方式,改变客观主义的所谓科学方法,要在理论与实践的双向构建中推进学科建设。"[①]这样的思维、视角和研究方式,适合终身教育研究的需要。

二是教育学的学科自觉。

在各类教育研究中,会有诸多的学科立场。鉴于终身教育的特殊性,该领域的研究必然会与社会学、心理学、管理学、政治学、生态学等学科立场有关联。而叶澜坚定的教育学立场,足以启示更多终身教育研究者。

叶澜几十年坚守"教育学立场",不仅直接推动了一系列的研究,而且身体力行。在她看来,"不同于所谓'趋利避害'的经济学人,何为教育学人的特征?我们取《学记》中的'长善救失'做概括。唯有对他人和自我都能做到'长善救失',教育才能成为使他人和自我都变得更美好的事业。我们还要求自己将做学问和人生完全融为一体,做到'以身立学'。有了'长善救失''以身立学'这两条,'生命·实践'教育学派的研究就能持续

[①] 叶澜."生命·实践"教育的信条[N].光明日报,2017-02-21(13).

推进"①。

这样的学科立场,对于当前终身教育研究而言,是非常必要的。随着"生命·实践"教育学派的发展,叶澜非常自觉地在国际教育学发展的背景下思考、探索中国教育学的发展之路。这同样启发我们,如何基于中国终身教育的创造性实践和理论研究,形成具有国际对话力和贡献度的终身教育研究成果,如何在中国哲学社会科学发展的整体背景下,凸显终身教育研究的独特,形成富有中国个性的终身教育研究成果。

三是对个体之我与教育学发展关系的自觉。

朗格朗等前辈基于自己丰富的人生经历、深远的眼光和创造性的精神,让终身教育的思想进一步清晰,并得以传播和转化。中国教育研究领域同样呼唤更多这样的研究者出现。根据相关学者的考察,基于坚实的个人实践而形成相关研究成果的终身教育研究者,在西方有欧文、哈伯、杜威、伊克斯利、林德曼、朗格朗等人,在中国有陶行知、晏阳初、梁漱溟等人,他们都以知行合一的方式形成、发展着终身教育思想。②

投入研究的人,会因为研究对象的特殊性,而保持自我发展的自觉意识,需要尊重对象的特点;研究对象也将因与合适的人的相遇,得以"自我"实现。叶澜曾总结道:"25年的'新基础教育'研究,使我认识到了教育理论的活源和家园在教育实践,生命的成长是教育的最高价值追求。改革虽然艰难,但并非不可能。研究并非个人纯粹的付出,只有肯学习、肯投入,珍惜所有的收获,又时时对自己的不足有清醒的认识,生命不止、学习不厌、研究不息、成长不断,才是教育学者最有味的生存状态。"③

---

① 叶澜."生命·实践"教育的信条[N].光明日报,2017-02-21(13).
② 周作宇.终身教育体系:思想基础与行动结构[J].河北师范大学学报(教育科学版),2020(6):1-20.
③ 叶澜.生命中难忘的25年——关于"新基础教育"研究独特性的感悟[J].上海教育,2020(31):41.

我们将上述叶澜的研究与我国终身教育研究联系起来，就能体会到深入研究叶澜终身教育思想的必要性、迫切性。这样的研究也充实了当代中国终身教育研究。而且，作为研究者，我们也同样需要回答：我们该成为一名怎样的终身教育研究者？

第一章 终身教育的内涵

> 我们已经走了很久，但忘了出发点究竟在哪里。[①]

——叶澜

对概念的明晰，对事物内涵的理解，是教育基本理论研究者开展教育研究时不可忽视的两个问题。叶澜在《教育概论》中，会探寻"教育"的内涵；在《教育研究方法论初探》中，会仔细分析"方法论"的意蕴；在研究"素质教育"时，也会"清思""反思""再思"。在纷繁复杂的终身教育研究领域中，面对变化多样的终身教育问题丛林，叶澜是如何对终身教育进行清思的，又是如何形成对终身教育内涵的再认识的？其视角、思路、结论，对于当前中国终身教育理论、政策与实践的发展有着怎样的启示？这些是本章要重点探讨的。

本章的呈现思路是，首先分析当前"终身教育"研究领域对于"终身教育"内涵的认识状态，之后分析叶澜的研究思路与研究结论，进而探讨如何在当前中国终身教育政策、理论与实践研究中继续追求理论与实践的创新。

[①] 叶澜. 终身教育视界的深刻意蕴：全时空性的全人发展——保尔·朗格朗带给我们的启示和价值 [J]. 人民教育，2017（1）：17.

一、当前实践与认识状态

"终身教育"已经成为中国教育实践中耳熟能详的概念,但是,在政策、理论与实践研究领域,对其内涵的认识、理解、表达,依然有很明显的分歧。有学者指出:"我们通常从概念外延的角度将终身教育概念分成三个层次来使用:第一,广义概念,即'大教育'含义。终身教育包含人生所有阶段接受的各种教育形式的总和以及教育的方方面面。这是终身教育的本质所在,所谓终身教育理念实际上是以此为内涵的。第二,中义概念,指除现代国民教育之外的所有教育形式和内容。目前几个地方性终身教育促进条例都以这一内涵为法规的适用范围。第三,狭义概念,这是在中义概念基础上又减少了学前教育。这三个层面的概念常常混用,不仅给终身教育实践带来了困惑,而且也在日前教育法律体系中形成了逻辑混乱现象。"[1]

这种概念的混乱,到底呈现为怎样的状态?

(一)政策中的认识状态

各类相关政策的发布与实施直接影响着终身教育理论和实践研究。联合国教科文组织倡导终身教育,其首先进入的也是政策领域,形成了对全球教育改革与发展的引导与推动力量。

在当前中国政策环境下,对终身教育的认知与表达,存在这样两方面问题:一是变化游移,没能真正统领起政策系统;二是狭隘化,将终身教育系统的子系统等同于母系统。

1. 多种表达,尚未清晰和稳定

对于相关核心概念,最需要进行分析的是"终身教育体系"与"国民教

---

[1] 冯鸿滔. 我国终身教育立法取向研究[J]. 中国远程教育, 2020(2): 1.

育体系","终身教育"与"学习型社会","终身教育"与"继续教育"三组概念,以及其他一系列相关概念的关系问题。

1995年3月18日,第八届全国人民代表大会第三次会议通过、同年9月1起施行的《中华人民共和国教育法》,共三次使用"终身教育"一词。

2009年8月27日,第十一届全国人民代表大会常务委员会第十次会议通过的《全国人民代表大会常务委员会关于修改部分法律的决定》,对相关法律中明显不适应社会主义市场经济和社会发展要求的规定进行修改,删去了《中华人民共和国教育法》第五十七条第三款、第五十九条。

根据2015年12月27日第十二届全国人民代表大会常务委员会第十八次会议《关于修改〈中华人民共和国教育法〉的决定》第二次修正、自2016年6月1日起施行的《中华人民共和国教育法》,有两处和"终身教育"概念直接有关的条款修改。

下面直接用1995年和2015年的文本进行分析。

表1-1 《中华人民共和国教育法》相关条文

1	第十一条 国家适应社会主义市场经济发展和社会进步的需要,推进教育改革,促进各级各类教育协调发展,建立和完善终身教育体系。(1995年) 第十一条 国家适应社会主义市场经济发展和社会进步的需要,推进教育改革,推动各级各类教育协调发展、衔接融通,完善现代国民教育体系,健全终身教育体系,提高教育现代化水平。(2015年)
2	第十九条 国家实行职业教育制度和成人教育制度。 各级人民政府、有关行政部门以及企业事业组织应当采取措施,发展并保障公民接受职业学校教育或者各种形式的职业培训。 国家鼓励发展多种形式的成人教育,使公民接受适当形式的政治、经济、文化、科学、技术、业务教育和终身教育。(1995年) 第二十条 国家实行职业教育制度和继续教育制度。 各级人民政府、有关行政部门和行业组织以及企业事业组织应当采取措施,发展并保障公民接受职业学校教育或者各种形式的职业培训。 国家鼓励发展多种形式的继续教育,使公民接受适当形式的政治、经济、文化、科学、技术、业务等方面的教育,促进不同类型学习成果的互认和衔接,推动全民终身学习。(2015年)

续表

3	第四十一条 国家鼓励学校及其他教育机构、社会组织采取措施，为公民接受终身教育创造条件。（1995年） 第四十二条 国家鼓励学校及其他教育机构、社会组织采取措施，为公民接受终身教育创造条件。（2015年）

在法律文本中，20年间，"终身教育"的地位和清晰度似乎倒退了，因为"现代国民教育体系"与"终身教育体系"同时出现于2015年的法律文本中。在1995年的文本中，落脚点在于"建立和完善终身教育体系"，前文的"促进各级各类教育协调发展"可以理解为其构成。但是，在2015年的文本中，表述为"推动各级各类教育协调发展、衔接融通，完善现代国民教育体系，健全终身教育体系，提高教育现代化水平"。同时出现的"现代国民教育体系"与"终身教育体系"这两个体系，它们之间是什么关系？是具有包含关系的一个体系并包含一个子系统还是递进关系？

不管如何解读，就当前的实践发展走向来看，两个"体系"观似乎得到更多的认可与体现。而这，是否背离了"终身教育"之"所是"？

在1995年的第十九条"国家实行职业教育制度和成人教育制度"和2015年的第二十条"国家实行职业教育制度和继续教育制度"，不仅将"成人教育制度"更改为"继续教育制度"，而且在2015年的具体条文中，不再使用"终身教育"一词，而使用了"全民终身学习"一词。于是，和国际学术界很类似，就必然要回答："终身教育"与"全民终身学习""成人教育""继续教育"的关系是什么？国际上也有学者认为，越来越多的人在以"终身学习"替代"成人教育"，且"成人教育"是个正在死去的概念。那么现有法律文本，尤其是中国的教育理论与实践研究该如何回答这样的问题？

1995年的第四十一条和2015年的第四十二条是稳定的表达，内容为："国家鼓励学校及其他教育机构、社会组织采取措施，为公民接受终身教育创造条件。"这里突出了所有教育机构、组织所需要承担的责任，进一步强调了"公民接受终身教育"的权利。这一非常有意义的思想，也衔接了另一个非常有影响力的概念"学习型社会"。而这一概念，较多出现在政策文本中，并通过教育部的推动，形成了当前开展学习型城市监测活动的常态。①

中国共产党第十八次全国代表大会报告《坚定不移沿着中国特色社会主义道路前进 为全面建成小康社会而奋斗》中明确要求："完善终身教育体系，建设学习型社会。"

> 努力办好人民满意的教育。教育是中华民族振兴和社会进步的基石。要坚持教育优先发展，全面贯彻党的教育方针，坚持教育为社会主义现代化服务、为人民服务，把立德树人作为教育的根本任务，培养德智体美全面发展的社会主义建设者和接班人。……办好学前教育，均衡发展九年义务教育，基本普及高中阶段教育，加快发展现代职业教育，推动高等教育内涵式发展，积极发展继续教育，完善终身教育体系，建设学习型社会。大力促进教育公平，合理配置教育资源，重点向农村、边远、贫困、民族地区倾斜，支持特殊教育，提高家庭经济困难学生资助水平，积极推动农民工子女平等接受教育，让每个孩子都能成为有用之才。

中国共产党第十九次全国代表大会报告《决胜全面建成小康社会 夺取新时代中国特色社会主义伟大胜利》提出："办好继续教育，加快建设学习型社会，大力提高国民素质。"这一概念出现的位置、前后衔接的内容，已经发生较明显的变化。

---

① 中国成人教育协会.关于进一步开展学习型城市建设监测项目工作的通知[EB/OL].[2020-12-10]. https://www.caea.org.cn/newsinfo/1839346.html.

优先发展教育事业。建设教育强国是中华民族伟大复兴的基础工程，必须把教育事业放在优先位置，深化教育改革，加快教育现代化，办好人民满意的教育。要全面贯彻党的教育方针，落实立德树人根本任务，发展素质教育，推进教育公平，培养德智体美全面发展的社会主义建设者和接班人。推动城乡义务教育一体化发展，高度重视农村义务教育，办好学前教育、特殊教育和网络教育，普及高中阶段教育，努力让每个孩子都能享有公平而有质量的教育。完善职业教育和培训体系，深化产教融合、校企合作。加快一流大学和一流学科建设，实现高等教育内涵式发展。健全学生资助制度，使绝大多数城乡新增劳动力接受高中阶段教育、更多接受高等教育。支持和规范社会力量兴办教育。加强师德师风建设，培养高素质教师队伍，倡导全社会尊师重教。办好继续教育，加快建设学习型社会，大力提高国民素质。

与前述《中华人民共和国教育法》条文相关，2019年10月31日中国共产党第十九届中央委员会第四次全体会议通过的《中共中央关于坚持和完善中国特色社会主义制度 推进国家治理体系和治理能力现代化若干重大问题的决定》明确提出的是"构建服务全民终身学习的教育体系"。以下这段表达，呈现出一系列备受关注的教育发展问题，包括对于"构建覆盖城乡的家庭教育指导服务体系""发挥网络教育和人工智能优势"等反映新时代发展需要的内容，且最终以"建设学习型社会"结尾。我们可以理解为这是"学习型社会"话语体系的表达。这一段材料中，没有出现"终身教育"一词。

构建服务全民终身学习的教育体系。全面贯彻党的教育方针，坚持教育优先发展，聚焦办好人民满意的教育，完善立德树人体制机制，深化教育领域综合改革，加强师德师风建设，培养德智体美劳全面发展的社会主义建设者和接班人。推动城乡义务教育一体化发展，健全学前教育、特殊教育和普及高中阶段教育保障机制，完善职业技术教育、高等教育、继续教育统筹协调发展机制。支持和规范民办教育、合作办学。构建覆盖城乡的家庭教育指导服务体系。发挥网络教育和人工智能优势，创新教育和学习方式，加快发展面向每个人、适合每个人、更加开放灵活的教育体系，建设学习型社会。

2020年10月29日，中国共产党第十九届中央委员会第五次全体会议通过的《中共中央关于制定国民经济和社会发展第十四个五年规划和二〇三五年远景目标的建议》，提出"建设高质量教育体系"，要求"发挥在线教育优势，完善终身学习体系，建设学习型社会"[①]。这一表达也正式出现在2021年3月颁布的《中华人民共和国国民经济和社会发展第十四个五年规划和2035年远景目标纲要》中。[②]

上述重要政策文本中"终身教育"的出现方式和变化，以及相关术语表达的变化，都反映着决策者在具体时空中的具体理解，也必然直接影响教育实践。

在更为具体的教育政策中，"终身教育"是在一个更狭义的层面上被理解的，约等于"继续教育"。

在《国家教育事业发展"十三五"规划》中，"终身教育"仅出现一次，且是以"终身教育制度"的概念出现的。在该规划中，也出现了"全民终身学习""全民终身学习社会""全民学习""终身学习""学习型社会"等概念，是作为"主要目标"提出来的，并同时出现在一段文本中。就其内在的表达结构来看，也同样是以职业教育、学前教育、义务教育、高中阶段教

---

① 中国政府网.中共中央关于制定国民经济和社会发展第十四个五年规划和二〇三五年远景目标的建议［EB/OL］.［2020-11-05］. http：//www.gov.cn/zhengce/2020-11/03/content_5556991.htm.

② 中国政府网.中华人民共和国国民经济和社会发展第十四个五年规划和2035年远景目标纲要［EB/OL］.［2021-03-13］. http：//www.gov.cn/xinwen/2021-03/13/content_5592681.htm.

育、高等教育、继续教育等组合的方式，表达对"更加适应全民学习、终身学习的现代教育体系"的构成解读的。

总之，从国家法律到具体政策，我们看到多样概念的存在，而这些概念之间的关系，尤其是"终身教育"之"所是"，是必须不断追问、清思的对象。

2. 名实难副，大小不一

这突出表现为在国民教育体系之外认识、理解"终身教育"，由此将终身教育与国民教育割裂，形成了典型的"小""终身教育"的政策空间。

一方面，突出"继续教育""成人教育"的特殊性，以之替代"终身教育"。例如，在《国家教育事业发展"十三五"规划》中，有一个板块如下：

> （五）大力发展继续教育
>
> 加快构建终身教育制度。制定国家资历框架，建立个人学习账号和学分累计制度。统筹协调各相关部门，建立各类继续教育基本统计制度。建立多种学习成果认证平台。探索高中后教育全面实行学分制，实行弹性学制和学习者自主选课。探索建立与完全学分制相适应的高校教育教学、课程设置、学籍管理、按学分收费等各项制度，推动各类高等学校之间以课程为基础开展学分认定和转换。创新高等教育自学考试学分认定和转换，完善不同专业、不同主考院校的学分认定和转换，推动高等教育自学考试认可高等学校课程学分，探索将高等教育自学考试学分转换为高等学校学分。探索非学历教育学习成果认定和转换，使各种非学历学习成果通过一定的标准和程序，经过高等学校和自考机构认定后，可转换成相应的课程学分，认定标准由高等学校自主制定。允许学习者通过课堂学习、在线学习、自学等方式获得学分，建立健全职业教育与普通教育、学历教育与非学历教育、职前教育与职后教育沟通衔接的机制，逐步扩大高等学校招收有实践经历人员的比例，制定不同人群

接受教育的资助制度，使所有公民都有机会通过直接升学、先就业再升学、边就业边学习等多种方式不断发展。

加强继续教育平台建设。明确各类高等学校和职业学校发展继续教育的职责任务、考核标准，推动高等学校和职业学校进一步开放办学，面向城乡从业人员广泛开展教育培训服务，特别是面向行业企业，持续开展职工继续教育，重点增强职工的职业理想，提高职业道德、技术技能、管理水平以及学历层次。加强顶层设计，完善自学考试制度，办好开放大学，提供优质继续教育资源。继续办好各类成人教育机构。支持办好企业大学和企事业单位职工继续教育基地，鼓励各类社会培训机构依法开展教育培训活动。充分发挥成人、社区教育机构、县级职业教育中心、农业广播电视学校的作用，使之成为区域职业教育与培训、技术推广、扶贫开发和社会生活教育的开放平台，健全遍布城乡的继续教育网络。

统筹扩大继续教育服务。强化省级、地市级政府对继续教育的统筹规划，加快构建政府、企业、社会共同参与的终身学习激励机制，建设覆盖全国城乡、开放便捷的终身学习公共服务体系。整合继续教育资源，基于社会工作岗位需求，向学习者提供教育培训"技能包"。重视开展面向现役和退役军人的继续教育，着力落实好退役大学生士兵专项硕士研究生招生计划等政策。整合资源，健全城乡一体的社区教育办学网络，广泛开展城乡社区教育，促进学校教育资源服务社区居民。推动学习型城市建设。持续开展"全民终身学习活动周"，倡导全民阅读。推进老年教育机构逐步纳入地方公共服务体系，完善老年人学习服务体系，办好老年大学，有效扩大老年教育资源供给。

这是该规划中唯一一个明确使用"终身教育"概念的地方。因此，不仅在政策文本中，而且在政策实施过程中，这一部分的内容就等同于"终身教育"的内容。

该规划中涉及的主要目标第一条，突出的是"全民终身学习机会"，所使用的核心概念，包括"继续教育""学习型社会"等。由此可见，"终身教育"概念还没能得到稳定的使用和延续性的转化。

（四）主要目标

"十三五"时期教育改革发展的总目标是：教育现代化取得重要进展，教育总体实力和国际影响力显著增强，推动我国迈入人力资源强国和人才强国行列，为实现中国教育现代化2030远景目标奠定坚实基础。

全民终身学习机会进一步扩大。形成更加适应全民学习、终身学习的现代教育体系，现代职业教育体系更加完善。学前教育机会显著增加，义务教育普及成果进一步巩固提升，普及高中阶段教育，高等教育发展进入普及化阶段，继续教育参与率明显提升，学习型社会建设迈上新台阶。

与上述思想、政策相对应的，是教育行政机构的设计，同样在稳定地表达对"终身教育"的一种理解。而在国家层面，1998年教育部实行机构改革，长期独立存在的成人教育管理部门——成人教育司被撤并，原有的管理职能被一分为三：一部分划归高等教育管理部门，一部分并入职业教育管理部门，还有一部分被统合于基础教育管理部门。[①] 目前教育部主管成人教育、学习型社会等工作的职能处室是教育部职业教育与成人教育司内的相关处室，"成人教育"或"继续教育"在国家教育体系之中的地位可见一斑。与之类似，地方政府教育行政部门中，单独设置"终身教育处"的还是少的，更多是被纳入"职业教育与成人教育处"中，职能设计处于更下端的状态。

---

① 余小波.我国成人高等教育的困境与转型［J］.教育研究，2008（12）：84.

（二）实践中的认识状态

基于上述政策规定和内涵理解，在当前的教育实践中的突出问题是：教师群体中占比并不大的一部分专职人员在开展"终身教育"，"国民教育"体系内的教师不关心"终身教育"；人们对"终身教育"的投入度不高。

首先，全国各地的开放大学、老年大学、社区学院等机构有专业人员、兼职教师等，在实践中开展"终身教育"实践工作。而从近年来的实践发展状态看，这支力量越来越趋于弱化，相关实践工作者反映，在工作经费、人员力量等方面，存在下滑之势。

以下是某省某市某区[①]开展2020年工作的要点中涉及的相关内容，可以此透视当前"终身教育"工作者实质性开展的工作内容。

2020年某区终身教育工作要点

一、拓宽学习型社会建设内涵

（一）进一步推进区域优质资源整合

（二）做好监测调研工作，制定"十四五规划"

二、完善终身教育体系建设

（三）内化和加强政府对终身教育统筹管理的运行机制

（四）协调推进培训市场健康发展

三、推进终身教育质量提升

（五）切实加强终身教育内涵建设

一是根据海派文化资源的优势，继续开发底蕴丰厚、历史悠久、优质品牌的特色课程，继续做好微视频、微讲座、微课程"三微"学习载体建设，丰富"某区学习网"，完善"学在某区"微信平台，让更多的优质

---

① 具体省、市、区的名字，以"某"代替。

资源作为市民共学共享的支撑；二是在贯彻落实百万在岗人员学力提升计划中，进一步做好学历教育和非学历教育的系列课程开发；三是继续做好2020年度的社区教育示范街道评选工作，夯实社区教育基础；四是认真做好社区教育实验开展委托项目的过程管理，充分发挥市民学习基地（学校类）参与社区教育实验项目研究，努力形成多元参与的激励机制。

（六）切实强化师资培训和专业素养的提升

（七）切实加强"三共"的老年教育服务体系建设

四、做好质量监控与保障工作

（八）进一步强化终身学习能力监测中心的建设

（九）进一步做好组织保障和绩效评估

（十）进一步优化统筹协调功能基础上做好其他工作

在上文中，"切实加强终身教育内涵建设"部分的工作内容设计，具体到老年教育、培训市场管理，也有以区为单位的学习型城区建设与监测、相关文化活动开展等，但将上述内容放在"终身教育"背景下，就能很明显地看出与中小学教育、高等教育间的界限。

再以一位教师及她的学生、学生的家长为例，他们对于"终身教育"概念的理解、实践中的渗透，也仅仅是借助特殊的契机才会领悟和探索，之前极少有自觉意识。对于更多家长、教师和学生来说，局限于特定的学习时空认识教育，缺乏对人的终身发展的自觉和践行，这是当前的常态，也是持续被基础教育研究者所批判的现实问题。即便是从基础教育的结束阶段过渡到高等教育阶段，教育实践中也极少有高质量的终身教育视野，极少着力培养学生终身学习的意识和能力，致使高中毕业生的目标与价值观都出现狭隘化的状态。[①]当然，这同样值得终身教育研究者深度反思。

---

① 李家成，邓睿，陈彦，等.中国普通高中学生发展特征与培养目标的多维分析[M]//叶澜，等.基础教育改革与中国教育学理论重建研究.北京：经济科学出版社，2009：255-289.

召开"终身学习，共同成长"主题家长会

2019年11月24日晚上，立德班以"终身学习，共同成长"为主题召开一次体验式的家长会，以此为主题召开这次家长会并非随意的举措，我是从上海终身教育研究院李家成教授的朋友圈中得到的灵感与启发，当然，这也不是偶然，而是必然，这种"必然"也是积累的结果。

今年是我第二年担任八（2）立德班的班主任，或许，还会有第三年。从第一天接到这个班开始，我就思考一个问题：给我三年时间，我可以带领我的学生们去到哪里？第一年新奇，第二年熟悉，第三年我是否会因耗尽才识而思想枯竭。我反思自己为什么会有这样的担心与害怕，那是我停止了学习与更新理念，面对每天都在进步的学生产生的压力。

从阅读《班级日常生活重建中的学生发展》到《家校合作指导手册》，我才真正理解日复一日的班级生活不应该是简单的重复，而应是每一天的创造；我明白了什么是真正的家校合作，怎样的互动可以促进学生、家长与老师的共同发展。

家长会就是一个极好的宣传终身教育的时机，家长们聚集起来，共同关注孩子的成长。然而，家长的关注点大多数体现在"我的孩子这次月考成绩怎样？是进步了还是退步了？"还有家长对一些班级活动提出质疑："班级活动会不会影响学习呢？"家长对于学习的定义是狭窄的。在日新月异的时代发展中，如果家长、教师的教育理念仍然停留在十几年前，很明显，我们不但无法引领学生，还有阻碍学生发展的可能。

怎样在家长会上播下"终身学习"的种子？首先，营造一个积极的氛围十分重要，家长以孩子的身份参与真实的课堂，体验孩子在课堂上

的体验，感受孩子的感受。通过共同讨论完成课堂任务，上台分享发言。在课堂中融入关于"学习"等概念，促进家长的思考。

我的领导——阳东区教育局政教股股长李科路过我的教室正好被我看见了，他是隔壁奇迹班的荣誉班主任，他受邀来参加家长会。我趁着这个这个机会请他到我班进行一个简短的发言。李科建议家长与孩子们一起学习，共同成长。我也分享了自己的学习心得，并且推荐了两本适合家长学习的书籍《原生家庭》和《十几岁孩子的正面管教》，这两本书也是我正在阅读的。经过阅读，我深刻地体会到作为一个多重角色的成人，要平衡工作、兼顾家庭和学习是多么不容易。

倘若我们能够把学习与工作、孩子的教育融为一体，不就达到一种相对的平衡吗？

家长会结束之前，我给每一个家长布置了一项课后作业，就是分享家长会感想或者学习心得，学习的热情还在家长群里高涨。有一位因身体不舒服未能参加的家长，看过其他家长的分享，也发表了感想；甚至群里的课任老师们也参与了讨论，我想这就是"共同成长"。

当我把"给家长布置课后作业"的事告诉学生时，他们欢呼雀跃，终于有人理解了做作业的"苦与乐"。

家长会已开过两天，群里的家长还在陆陆续续地分享着家长会的感悟，他们还分享了自己下单买书的信息。与此同时，在另一位家长，也就是我校的德育副主任，她正在学校德育工作室微信群里发布给每一位成员购买一套《正面管教》的通知，而立德班的地理老师、历史老师、道德与法治老师和我本人共四人都是工作室成员。

上述对"终身教育"政策、实践状态的分析，无一不包含一个核心问题，即"终身教育"的内涵问题。正如叶澜所敏感地认识到的："'终身教育'是联合国教科文组织20世纪60年代就提出的概念。在我国，作为政府提出的目标，记录在2010年发布的《国家中长期教育改革和发展规划纲要（2010—2020年）》中。目前虽然已用各种方式实践着，但在理论和理解上至今还是一个充满歧义的概念。"①

二、叶澜对朗格朗终身教育思想的解读与阐释

作为一个来自国际组织、国外教育研究领域的概念，"终身教育"在改革开放后的中国学术界很受欢迎。同时，这一概念也契合了中国传统与近现代教育思想，如民间有关"活到老，学到老"的思想，教育领域为人所熟知的陶行知所倡导的"生活教育""终生教育"思想等。

有学者对于当前略显混乱的"终身教育"内涵、政策和实践，明确提出要"清理思想基础"。在该学者看来，"将朗格让②看作'终身教育之父'的观点，值得商榷"，而且，"通过梳理我国具有终身教育思想意蕴的演进线索，可以看到，终身教育思想和实践的出现在我国并非始于20世纪六七十年代西方终身教育思想在我国的传播，我国民国时期及新中国成立之后就有丰富的终身教育思想以及教育实践探索。终身教育是包括正规教育与非正规教育在内的系统，在推动建设学习型社会的同时，必须重视对此有联系但又有所不同的'教育型社会'建设，以强调泛在的各种'教师'的教育责任"③。也有学者更明确地提出，当前需要继续研究"作为我的研究对象的终身教育究竟是什么？"在该学者看来，"这里的关键问题还是在于：'终身教育'到底是一种价值性的教育理念（视野），还是一个实体性的教育体系？

---

① 叶澜.终身教育视界的深刻意蕴：全时空性的全人发展——保尔·朗格朗带给我们的启示和价值［J］.人民教育，2017（1）：13.
② "朗格让"即"朗格朗"。
③ 周作宇.终身教育体系：思想基础与行动结构［J］.河北师范大学学报（教育科学版），2020，22（6）：1.

这个问题必须要明确，必须有共识，必须要用我们的共识去影响决策者，要通过各种途径去影响他们。所以，一定要回答这个问题"①。

上述讨论或学者提出的问题，事实上就是终身教育研究必须面对的。而一旦以这样的方式提出问题，就必然回归到教育学原理一般的研究中，当然，同样需要高品质的教育史研究、国际比较研究等。

在叶澜的《教育概论》一书中，就详细阐述了"人生阶段与教育"的研究成果，其中就通过对"成年期、老年期的年龄特征与教育"的探讨，将教育与人的发展延伸至"终身教育"。

（一）研究的思路

1. 重读经典

叶澜开展教育理论创新的思路和方式，往往都包含回归经典，通过对教育理论发展中重大节点性创新及其代表人物思想的解读来把握教育理论发展的总体状态、核心问题。其《教育研究方法论初探》等一系列著作和论文，有具体的表达。对于终身教育研究，她也运用了这一思路和方式。

在叶澜看来，一方面，"经典"的价值是内在的、有标准的，因此具有普遍性。特别是对于"终身教育"思想合理性的认可，在她看来，是今天我们依然要坚持这一思想、理念、方向的核心依据，由此我们可以进一步回应诸多认为可以用"终身学习"替代"终身教育"概念的相关言论，也同样需要向相关学者提问：以"终身学习"替代"终身教育"其内在的合理性是什么？叶澜明确指出："教育有内在的规定性，有自身的发展逻辑。判断一个教育理论的优劣，不是看它由谁提出，由什么国家或组织首先提倡，也不是只根据距离现时的远近或新鲜度。应该作为标准的是：理论本身是否比以前的认识更深、更广地揭示了教育的内在规定性，并符合教育发展的方向和

---

① 吴康宁. 终身教育：理念还是体系？[J]. 终身教育研究，2021(1)：9.

逻辑；是否有针对性地批判了阻碍教育发展的时弊，并做出了有根据的病理学分析；是否有助于教育实践变革向着理想推进，并经实践证实其真理性和力量。"①

叶澜认为，朗格朗的《终身教育引论》具有这些品质。在终身教育领域内，他不仅首先进行了系统、深入的研究，确定了终身教育的概念、价值、目标和基本原则，而且极大地推进了人类社会在终身教育领域的实践。尽管他的理论还需要在各国实践中继续开拓、深化和丰富，但是当我们谈到"终身教育"或进行"终身教育"实践时，不能无视朗格朗理论的存在。

因此，叶澜明确提出第二个观点："'经典'不存在过时问题，发挥其当代价值才是重启经典生命力的关键。"② 自然，对经典的深度解读的质量，是重启经典生命力的关键。基于此，叶澜进一步从两个方面论证了《终身教育引论》的经典性。

一是从思维方式上，叶澜突出了"终身教育"与"终身学习""学习型社会"的关系，认为这反映了一种割裂的思路，"总以为后者必否定前者，而不是把前者包容在内，或还存在其他性质的关系"。而且，叶澜指出，上述概念之间，"终身教育与终身学习的关系，并不是后者包容前者，而是前者内含后者，其过程包含终身学习，其结果指向终身学习，故而不存在过时问题"③。这一阐述，已经包含通过比较概念间的区别和联系来明晰概念的研究思路。

二是从国际社会对于经典的态度，尤其是终身教育思想的当代发展视角，叶澜认为，朗格朗的观点，即使用联合国教科文组织最近发表的《教育2030行动框架》和《反思教育：向"全球共同利益"的理念转变？》来比照，在确认"教育是一项基本人权，受教育权从出生开始，贯穿一生"；

---

① 叶澜.终身教育视界的深刻意蕴：全时空性的全人发展——保尔·朗格朗带给我们的启示和价值 [J].人民教育，2017(1)：17.
②③ 同①：18.

在强调"我们必须高瞻远瞩,在不断变化的世界中重新审视教育"的态度,坚信"再没有比教育更加强大的变革力量",以及对"教育是什么"的理解上,依然相续、契合。①

如果说,上述是从正面阐述相关立场,叶澜还进一步提出当前存在的问题:"作者的话十分清晰、深刻,但有不少人不读,或不知道,或已经忘了。"②这对于教育学术积累而言,是致命性问题;对于政策改进和实践发展而言,是根基不牢的重要表现。叶澜以自己的解读实践重读经典,无疑有着对教育学的深刻体悟和真诚追求,也有着对当前问题的敏锐判断和深切忧虑。在一定意义上,有关"终身教育"内涵的明晰,需要所有终身教育研究者、实践者和政策制定者重视。终身教育研究领域的知识积累、传播、转化,迫切需要加强。

基于上述理解,叶澜进一步解读了《终身教育引论》的核心思想、思维方式等。

2. 扎根现实

叶澜的研究一直有着"上天入地"的特征。理论与实践的综合互动、相互创生,是"生命·实践"教育学派的基本立场。叶澜对于终身教育内涵的理解,一直扎根于坚实的教育实践中,保持着对教育世界的敏感,投入于教育新生活的创造。

在《终身教育视界的深刻意蕴》一文中,叶澜对中国的教育政策与实践进行了深度分析甚至批判。

叶澜首先反思的,是当前有关终身教育的立法状态。在她看来,"时至今日,国家层面的'终身教育法'尚未面世,有些地方在2010年左右先后

---

① 叶澜.终身教育视界的深刻意蕴:全时空性的全人发展——保尔·朗格朗带给我们的启示和价值[J].人民教育,2017(1):18.
② 同①:16.

出台了《某某省/市终身教育促进条例》"。她通过仔细阅读文本，发现"在国家和地方层面，并没有完全形成和进入朗格朗所清晰界定的'终身教育'立场与视界"。叶澜如此论述：

> 在国家正式文件中，建设"现代教育制度"和"终身教育体系"至今还是并提的，两者的关系并未得到明确说明。在本人已阅读过的地方条例中，各自规定的适用范围更是差异极大。有的规定：本条例适用于本省/市"行政区域内除现代国民教育体系以外的各级各类有组织的教育培训活动"。有的称"本条例适用于本市行政区域内除现代国民教育体系外的终身教育活动"。"本条例所称终身教育，是指由国家机关、社会团体、企业事业单位、民办非企业等组织依托各类教育资源开展的社区教育、职工教育和农村成人教育等活动。""本条例所称社区教育，是指面向社区内居民开展的以丰富居民精神文化生活、优化社区人文环境、构建和谐社区为主的教育活动。"①

叶澜由此得出结论：以上列举的两个条例，在"排除什么"上高度一致，尽管在具体确定合适范围方面很不同。显现出的相同之处，恰恰是与朗格朗所界定的"终身教育"绝不相同，都是只取其中的极小部分。这在一定程度上反映了国家和地方政府对"终身教育"认识上的一致性与不同程度的模糊性。②

这一结论的获得，无疑是基于具体、严肃的研究，也明确了对"终身教育"内涵理解的游移不定，甚至狭隘化会带来一系列的问题。叶澜充满感情地写道：

---

① 叶澜.终身教育视界的深刻意蕴：全时空性的全人发展——保尔·朗格朗带给我们的启示和价值[J].人民教育，2017(1)：13-18.
② 同①：16-17.

我们已经走了很久，但忘了出发点究竟在哪里。也许有人会说，条例可有自己的规定范围，可以是局部的。但反映"终身教育"整全概念的文件在哪里呢？何况真正在整体视野下的局部，应该是体现、渗透和表现整体精神的局部，如果只是为了加强"培训"活动，加强"社区教育"，加强某几类人的"成人教育"，何必要冠以"终身教育"促进条例之名？干脆就用相关适用范围命名，不是更名副其实吗？也许有人会说，朗格朗说的是理论，是一般原则，我们的规定必须从中国实际出发，不能照搬照套。然而在我看来，我们的规定并不是从中国实际问题出发，更根本的原因是多方面利益格局业已形成且难以打破；是行政官员长期并不重视教育理论的研究和学习，甚至不相信乃至轻视教育理论力量的惯习带来的结果。事实上，照这样的"终身教育"促进条例去行动，本初意义上的"终身教育"将永远不可能实现，因为它不关注涉及人一生的各种教育的割裂之打破，不关注教育在个人生命成长发展意义上的内在价值。说得再尖锐些，它还在延续"终身教育"初始观念形成时就批判的、要改变的教育问题。从根本和长远来看，它不利于每个中国公民和整个社会的现代转型。[①]

如此的话语，有着对"终身教育"理想的认可、思维方式与价值取向的认可，更有着对在中国推动和发展终身教育的责任感。而所有的这一切，还是需要回到对终身教育的理性认识上来。

（二）具体的解读与表达

朗格朗所明确界定的内涵，也是叶澜高度关注的。

---

① 叶澜.终身教育视界的深刻意蕴：全时空性的全人发展——保尔·朗格朗带给我们的启示和价值[J].人民教育，2017(1)：17.

"终身教育"是一个关于"人生"时空全覆盖的教育概念。我之所以被《终身教育引论》深深打动,首先是因为作者在书中明确做出了"终身教育"是什么的概念界定:"我们所说的终身教育是一系列很具体的思想、实验和成就,换言之,是完全意义上的教育,它包括了教育的所有各个方面、各项内容,从一个人出生的那一刻起一直到生命终结时为止的不间断的发展,包括了教育各发展阶段、各个关头之间的有机联系。"[①]

对于这一明确的认识,叶澜首先强调要理解这一概念形成的时代背景、生命体悟、实践基础,关注概念提出者的人生追求、价值取向、职业立场。这反映出研究者的严肃态度,"终身教育"研究者必须保持对经典的尊重,必须确保对理论的尊重,必须以严肃的态度对待研究成果。不仅如此,这里的强调,更反映出叶澜对"终身教育"概念的生成、发展背景的重视,也体现了她作为解读者、研究者的个人生命气息与思维方式。

更明确的解读,在于强调如下内容。

"终身教育"是一个关于"人生"时空全覆盖的教育概念。正是以"人生"作为思考教育的主轴,不仅使对教育功能的关注,从长期的外在功利性社会功能回到其自身最为直接的、影响人身心发展的本源性功能上,而且把"教育"从相对集中于一个时段、有限空间、以体制内学龄期教育为主,加上可能有的零星而非系统、非主流、非全体人必须参加的成人教育活动的现状,转换为覆盖每一个人之人生全时空的活动,提出要关注"教育各发展阶段各个关头之间的有机联系",因为生命的发展是一个连续的过程。这是"教育"观念得以向人生"整体化"和"全过程化"嵌入的重要转换。由此出发再进一步,则可看到教育与人

[①] 叶澜.终身教育视界的深刻意蕴:全时空性的全人发展——保尔·朗格朗带给我们的启示和价值[J].人民教育,2017(1):13.

类社会生活的全时空覆盖,因为每个人的生命活动都在各种社会实践中完成。"终身教育"只有渗透于这些活动,才能得以实现。唯有意识到这一点,我们才能理解:"终身教育"的深意在于使教育成为个体一生和社会发展不可分割的、内在必需的构成,它需化入人生、社会活动的各个领域。唯有如此,终身教育才会有伟力,也才有可能发挥、实现其伟力。在我看来,这才是终身教育最深邃的意蕴,也是终身教育视界的内在规定。不如此理解,很难读懂终身教育。①

我们可从以下几方面,进一步解读叶澜的"解读"。

第一步,是对"教育与人生""教育与社会"两大认识维度的确认。这里可以明显看出教育基本理论研究者的思维与话语体系,也非常有助于将终身教育研究融入教育学或教育基本理论的体系之中。而这两条主线将终身教育的独特性与相关思想理论相对清晰地区分开来。

在充分阐述对上述两个维度的理解之后,叶澜总结道:"'终身教育'的深意在于使教育成为个体一生和社会发展不可分割的、内在必需的构成,它需化入人生、社会活动的各个领域。"而且特别强调:"在我看来,这才是终身教育最深邃的意蕴,也是终身教育视界的内在规定。"②

第二步,以"人生"为思考的主轴,凸显终身教育所追求的"整体化"和"全过程化"。叶澜采用如下核心概念,将终身教育融入教育理论体系之中,并清晰揭示其特殊性。

其一,以"教育功能"概念解读"终身教育",强调从长期的外在功利性社会功能回到其自身最为直接的、影响人身心发展的本源性功能上。

其二,突出"覆盖每一个人之人生全时空的活动",并将之与相对集中于一个时段、有限空间、以体制内学龄期教育为主,加上可能有的零星而非

---

①② 叶澜.终身教育视界的深刻意蕴:全时空性的全人发展——保尔·朗格朗带给我们的启示和价值[J].人民教育,2017(1):14.

系统、非主流、非全体人必须参加的成人教育活动等相比较，突出这一转换的清晰度。

其三，进一步总结，以"教育"这一教育学最基础的概念，形成向人生"整体化"和"全过程化"的嵌入，从而将终身教育的独特性清晰地呈现在教育理论体系之中。

第三步，进入"社会"维度，解释"终身教育"与社会生活的密切联系。叶澜用"由此出发再进一步"的语言转换，自然、合理地提炼出"教育与人类社会生活的全时空覆盖，因为每个人的生命活动都在各种社会实践中完成"。这一内涵的揭示是有重大意义的，因为教育作为一种实践活动，对人的终身发展的价值是通过"教育"之"事"而体现的，终身教育的发展也需要落实在实践中，"终身教育"只有渗透于这些活动之中，才能得以实现。因此，这一转换一定要实现。

《中华人民共和国国民经济和社会发展第十三个五年规划纲要》于2016年3月发布，叶澜以教育学者的敏感性意识到并指出，该规划整体、简要表述了当代中国社会变革与发展的目标。从终身教育的视界出发，她指出："我们需要且可能用上述终身教育的'尺度'来探究、衡量和推进当代中国的社会变革与教育变革；我们需要用终身教育的意蕴来重构教育与社会发展内在关系的理论，进而创造在重构理论指导下的变革实践。"这进一步印证了叶澜在解读朗格朗终身教育思想时所采用的分析结构。

而且，这一转换呈现出叶澜对终身教育、学习型社会的清晰认识，后期她更是提出了一系列新的教育概念，如"社会教育力"等。这一主题将在后文中继续展开，本章主要聚焦"终身教育"这一核心概念。

最后一步，终身教育的独特价值实现，不能离开对上述维度的体认。在叶澜看来，"唯有如此，终身教育才会有伟力，也才有可能发挥、实现其伟力"。她还进一步补充道："不如此理解，很难读懂终身教育。"如果"读懂"都未实现，"实践"更是"盲人摸象"了。这一强调，也突出了理论研究的重要意义。

如此分析这一段阐述,既是为了阐明教育基本理论研究的话语体系、思维方式、表达方式对于"终身教育"研究的支持,也为了说明"终身教育"内涵理解所需要有的理论基础。这也启示相关研究者、实践者、政策制定者要多用心理解"终身教育",并不断夯实自己的教育理论基础。

叶澜理论研究的风格是善于通过分析"不是什么"而进一步明晰概念的内涵。她在对"终身教育"的研究中,也同样使用了这一策略。

她以自己的研读为例,提醒研究者注意:"朗格朗不只是给'终身教育是什么'作了经典定义式界定,还通过对现实的批判警示人们:什么不是终身教育。"① 叶澜说,朗格朗让她深受启发和赞服之处,还有他对自己所处时代教育现状的尖锐批判。叶澜认为,他不只是给"终身教育是什么"作了经典定义式界定,还通过对现实的批判警示人们:什么不是终身教育,什么甚至不能称为与美好生活相关的教育。

在具体分析中,叶澜重点突出如下几点。

第一,对作为终身教育初始阶段的基础教育之局限的批判,强调朗格朗所意识到的明显问题:"对儿童和青少年的教育工作不管怎样重要和必要,它都只是一种准备,只是真正的教育过程的一种不完美的开端。这种教育只有在成人中进行时,才能体现它的全部意义和发挥它的全部潜能。"叶澜持续几十年开展基础教育改革与发展研究,对这一判断有很多共鸣,因此,其也成为叶澜对中国基础教育改革的强有力的批判和建设工作的基础。

第二,将基础教育与成人教育联系起来思考。叶澜很重视朗格朗提出的这些问题:"不管学校教育期限有多长,到底有多少人在离开学校以后继续学习、继续自学、继续吸收新知识、继续通过持续而有组织的努力来发展自己已有的技能和才智呢?"叶澜认为,朗格朗经历了法国成人教育试验,虽

---

① 叶澜.终身教育视界的深刻意蕴:全时空性的全人发展——保尔·朗格朗带给我们的启示和价值[J].人民教育,2017(1):14.

然没有成功，但由此形成了对基础教育领域问题的更深切的理解，更为坚定地认识到：不能将基础教育视为教育的全部，且要从"有多少人在离开学校以后继续学习、继续自学、继续吸收新知识、继续通过持续而有组织的努力来发展自己已有的技能和才智"的立场出发，重新评价教育的质量。上述观点，即便放在今日，也着实有着强大的力量，帮助我们判断"教育""终身教育"不是什么，使我们保持对教育问题的敏感。

第三，不能将终身教育等同于成人教育，因为必须从连续、综合、整体的角度看待成人教育。朗格朗当时就看到这样的现实：成人教育除了职业训练之外，在智力和情感、审美、政治和社会教育等多方面为何不尽如人意？为何没能确立其应有的地位？为什么大多数人回避一切对自己有利的教育活动，对教育机构抱着冷漠甚至是敌对的态度呢？叶澜进一步突出朗格朗的认识、判断和立场："看来很明显，如果一个成人对自己的教育失去了兴趣，如果他除例外情况以外总是对正规和非正规的教育没有热情，那就是由于他在易受影响的年龄青少年时期没有从提供给他或强加给他的教育中发现他所需要和期望得到的东西……从这些人所共见的事实中只能得出这样一个而不是其他的结论：目前这样的教育走错了路，造成了精神、热情和资源等方面的浪费，这种浪费是国民生活的其他任何部门（军事计划和重点项目当然除外）所没有的。"[①] 上述分析，一层层突出朗格朗批判的勇气、思维的力量、建设的取向，进一步强调当代学者不要"忘记"和"不顾"朗格朗的贡献："我们完全没有把终身教育等同于成人教育，遗憾的是人们常常把这两者等同起来。"

第四，进一步强调终身教育的基本原则、核心精神，不在于割裂性地突出教育的某部分、某阶段，不在于阶段性地强调联系与沟通，而在于"教育过程的统一性和整体性"，且是"彻里彻外"地坚定、清晰。叶澜用充满感情的语言如此解读道：

---

① 保尔·朗格朗.终身教育引论[M].周南照，陈树清，译.北京：中国对外翻译出版公司，1985：15.

他毫不含糊地表示:"我们完全没有把终身教育等同于成人教育,遗憾的是人们常常把这两者等同起来。""当我们说到终身教育的时候,我们脑子里始终考虑的就是教育过程的统一性和整体性。""从长远来说,实现更美好的生活这个问题的唯一答案在于建立一个彻里彻外地渗透着终身教育原则的社会,在于实施一种与生活的进步和成就紧密相联系的教育。"

好一个"彻里彻外",不留丝毫余地、斩钉截铁!没有清晰的认识,敢这样表达吗?①

这充满情感的坚定语言,同样反映叶澜对于终身教育的认同、理解,对于当前现实的忧虑甚至愤慨,对于教育改革与发展的坚定向往。

通过上述解读,朗格朗的思想、观点、思路、价值取向,被进一步清晰化、突出化。而这,将成为叶澜进一步论述"终身教育"的立场与视界的学术根基。

(三)明确终身教育的立场与视界

叶澜的教育研究和思想,始终在理论与实践、本土与国际、历史与现实中穿梭,将"理想的现实主义"同"现实的理想主义"相结合,因此,她明确强调,重读经典的目的,恰恰是提醒我们:"可以前进、超越,唯一不能做的是'后退',退回到朗格朗所批判的教育观念和行为中去。"②前文中叶澜所分析的朗格朗所批判的认识与实践状态,尽管几十年过去了,但我们是否自觉思考过:我们是在不断"前进、超越",还是在"后退"?叶澜提出这一问题时,何尝不充满着忧虑和对继续发展的强烈追求!

通过仔细解读经典,叶澜进一步做出如下判断。

---

① 叶澜.终身教育视界的深刻意蕴:全时空性的全人发展——保尔·朗格朗带给我们的启示和价值[J].人民教育,2017(1):15.
② 同①:17.

概而言之，我们确认的"终身教育视界"是：以能促进人的多方面终身发展和人格完善，使其有志于并有能力为创造一个更美好的世界做贡献为价值取向；以贯穿于人一生、渗透于个体生命实践各种空间的生命和活动全时空为原则；通过将各种教育力量连通、整合、汇聚，形成全整性的教育系统，使全社会各项活动都自觉内含并在实践中体现终身教育的原则为实现路径。这是人类自身和社会发展到一个新阶段——以人自身的自由全面发展作为社会发展的终极目标，以个人与社会的发展价值统一为特征的阶段，所必须具备的教育形态。[①]

这一明确表达，形成如下核心要点，而要点间相互支持，形成对教育实践、政策与理论发展的"立场与视界"。

一是"价值取向"。叶澜认为，终身教育是以能促进人的多方面终身发展和人格完善，使其有志于并有能力为创造一个更美好的世界做贡献为价值取向。这里呈现出对"人""世界"及其关系的理解，反映的是不该被忘记、被忽视的教育价值，表达的是不该、不能"退回"到非教育立场的坚定取向。

作为一名教育学者，作为"生命·实践"教育学派的创始人，叶澜强调价值观危机是中国教育的根本危机，她明确指出："促进生命发展的价值是教育的基础性价值，教育具有提升人的生命质量和丰富人的精神生命的意义，具有开发生命潜能和提升发展需要的价值。教育的过程是把人类生命的精神能量，通过教与学的活动，在师生之间、学生之间实现转换和新的精神能量的生成过程。"[②]

这样的理解，置于中国社会和发展的背景下，叶澜认为："中国从来不

---

① 叶澜.终身教育视界的深刻意蕴：全时空性的全人发展——保尔·朗格朗带给我们的启示和价值[J].人民教育，2017(1)：17.

② 叶澜.叶澜：价值观危机是中国教育的根本危机[J].七彩语文（中学语文论坛），2018(4)：80.

缺聪明、有潜质、可成为尖端人才之人，缺的是把潜质变成现实的发展。教育在实际上常常只是训练的过程，老师讲、学生被动听和记，缺乏思维的活跃和课堂生活的积极体验。日积月累，往往使本来具有生命能动性的人异化为被动机械的'物'。学生如此，教师同样如此，生命异化为满足教育之外目的的工具，教育也异化为没有生命关怀、没有创造活力、缺乏精神追求的事务。"①

正是有着这样的价值理解和价值实践，叶澜创建的"生命·实践"教育学派明确而坚定地认为："教育是直面人的生命、通过人的生命、为了人的生命质量的提高而进行的社会实践活动，是以人为本的社会中最体现生命关怀的一种事业。"② 从这一呼应来解读叶澜对于终身教育价值取向的观点，也就更容易理解。

二是"原则"。叶澜认为，终身教育是以贯穿于人一生、渗透于个体生命实践各种空间的生命和活动全时空为原则。这一思路，在前文阐述中，已经涉及"全时空"性。同样，这也积极呼应前文中叶澜对于从时间、空间、生活的角度，阐述终身教育与人的生命存在、发展的关系。而叶澜对于"误读""无读"朗格朗终身教育思想的批判，也与这一理解有关。

在当前背景下，将成人教育与青少年儿童教育割裂，将学校教育与家庭教育、社会教育割裂，将某一类型的教育与终身教育画等号，无不反映出这一问题。特别是教育决策者、整体规划者在领导教育变革的过程中，如果拘泥于具体的部门利益，局限于当前的行政管理格局，必然会忽略或弱化这一原则。

不仅如此，作为普通教育工作者，是否意识到这一原则的价值与内涵？是否自觉地将终身教育的"具体""局部"与"整体""综合"相联系，在自

---

① 叶澜.价值观危机是中国教育的根本危机［J］.七彩语文（中学语文论坛），2018（4）：80.
② 叶澜."生命·实践"教育的信条［N］.光明日报，2017-02-21（13）.

己的工作实践中全息式地渗透"终身教育"的思想？每位具体的教育工作者何尝不是终身教育的体现者和推动者？试想，如果这样的原则也渗透在具体的教育实践中，幼儿园的教师（同样在影响幼儿的终身发展），可以自觉衔接小学教育，可以影响家庭教育，可以沟通社区教育。

在此意义上，作为一个原则，"终身教育"是需要被尊重、被遵循的，更是需要被渗透在或宏观或微观的教育实践中的。

三是"实现路径"。叶澜认为，终身教育是以将各种教育力量连通、整合、汇聚，形成全整性的教育系统，使全社会各项活动都自觉内含并在实践中体现终身教育的原则为实现路径。

这一判断或认识，无疑将"终身教育"与教育发展、社会变革更紧密地结合起来，是"动词化"的呈现。在叶澜看来，教育系统的改进与发展，是需要"将各种教育力量连通、整合、汇聚"的，是一个动态的过程。在此过程中，基础教育、高等教育、成人继续教育都是有价值的，更是需要相互联系、沟通的；教育系统也不是单一的，而是由丰富的单元、结构组成，经由"连通、整合、汇聚"而形成。

不仅如此，当将视野与"人一生、渗透于个体生命实践各种空间的生命活动全时空"相结合时，必然将教育的意蕴与"全社会各项活动"结合起来，并对"全社会各项活动"提出教育性的要求，即"都自觉内含并在实践中体现终身教育的原则"。这一状态，当前并未实现，但也正因如此，才需要以终身教育的视界来反思、策划、发展，不断探索、改进，不断接近"终身教育"的本质。在叶澜看来，这正是"终身教育"为我们提供的新视界。

四是"教育形态"。叶澜认为，终身教育是人类自身和社会发展到一个新阶段——以人自身的自由全面发展作为社会发展的终极目标，以个人与社会的发展价值统一为特征的阶段所必须具备的教育形态。

我们将教育发展的历史性与时代性结合，如何判断教育发展的水平？如何在新时代保持理想与信念，以不断自我超越的努力改进当下的教育？这些都需要不断明晰教育本身发展的阶段性，认识不同发展阶段的教育品质。

叶澜的这一观点，呈现的就是对教育发展目标的再认识，对理想境界的清晰化和对教育发展阶段性的判断。这不仅是教育的追求，也是社会发展的核心指向。正如在我国，已经明确认定我国社会主要矛盾已经转化为人民日益增长的美好生活需要和不平衡不充分的发展之间的矛盾，党的十九大报告也明确指出："必须认识到，我国社会主要矛盾的变化是关系全局的历史性变化，对党和国家工作提出了许多新要求。我们要在继续推动发展的基础上，着力解决好发展不平衡不充分问题，大力提升发展质量和效益，更好满足人民在经济、政治、文化、社会、生态等方面日益增长的需要，更好推动人的全面发展、社会全面进步。"①

从这一角度出发，终身教育呈现的理想、前景，既是历史发展的自我超越状态，也是教育改革的自觉有为状态，是教育研究者、实践者、决策者的"能级"的自我提升。叶澜明确提出："当代中国发展需要用'终身教育'的价值、原则和路径等尺度来衡量和推进社会与教育变革，重构教育与社会关系的理论与实践。"② 这就将形成对中国社会发展的新视界，本书也将另章阐述。

三、对当前终身教育改革与发展的启示

本章讨论的核心内容是"终身教育"是什么、不是什么，聚焦终身教育内涵，结合经典文本解读而进行。结合对叶澜思想的解读，进一步回归到

---

① 决胜全面建成小康社会 夺取新时代中国特色社会主义伟大胜利——在中国共产党第十九次全国代表大会上的报告[EB/OL].[2017-10-27].http://www.xinhuanet.com//2017-10/27/c_1121867529.htm.

② 叶澜.终身教育视界：当代中国社会教育力的聚通与提升[J].中国教育科学，2016（3）：41.

《终身教育引论》和《学会生存——教育世界的今天和明天》等经典著作中，笔者尝试针对当前我国终身教育研究现状，进一步探讨"终身教育"这一核心概念的内涵。①

（一）终身教育是一系列思想观念

朗格朗所著的《终身教育引论》、联合国教科文组织出版的《学会生存——教育世界的今天和明天》是终身教育思想传播、实践引领的经典文献，对终身教育的内涵理解离不开对其进行回溯式的精读。

"终身教育"突出表现为一系列的人性观、发展观、教育价值观、教育目标观、教育过程观、教育方法观、教育评价观等观点或理论。例如，对于人的"未完成性"的理解，对于人性的理解，对于个人与群体关系的理解，对于学习型社会的理解等。

朗格朗作为具有现代意义终身教育思想的明确提出者，他指出，我们所说的终身教育是一系列很具体的思想、实验和成就，换言之，是完全意义上的教育，它包括了教育的各个方面，各项内容，从一个人出生的那一刻起一直到生命终结时为止的不间断的发展，包括了教育各发展阶段各个关头之间的有机联系。②教育理论研究者与实践工作者都可以从中获得一系列的认识或观点。

如果进一步加以解读，就会有新的发现。

从概念定位来看，终身教育的内涵是丰富的、立体的，由"一系列"并且"很具体"的"思想""实验"和"成就"所构成。"一系列""很具体"的表述体现了终身教育思想的丰富性、整体性。这里的"思想""实验"和"成就"是对终身教育存在形态的多样、全面理解。可以说，终身教育是一

---

① 华东师范大学教育学系博士生程豪参与本节的撰写，特此致谢。
② 保尔·朗格朗.终身教育引论[M].周南照，陈树清，译.北京：中国对外翻译出版公司，1985：15-16.

种作为认识、思考、探究之结果的"思想",是一种具体的实践行为,是一种具有探索、创新性的"实验"和由思想、实验而形成的"成就",更是人的、教育系统的、人类文明发展的伟大成就。

如若我们对这一认识、思想进一步解读,并结合《学会生存——教育世界的今天和明天》中对人之"生存"的价值追求、其所倡导的国际战略等,则可尝试提出如此观点:终身教育还存在其他维度的内涵或意蕴。

(二)终身教育是一种价值取向

如朗格朗所指出的:"终身教育是……从一个人出生的那一刻起一直到生命终结时为止的不间断的发展,包括了教育各发展阶段各个关头之间的有机联系。"这已经体现出他对人的生存状态、教育的发展状态的期望与追求。他进一步指出:"从长远来说,实现更美好的生活这个问题的唯一答案在于建立一个彻里彻外地渗透着终身教育原则的社会,在于实施一种与社会的进步和成就紧密相连的教育。"[①] 可见,他对终身教育价值取向的理解不再局限于人、教育的层面,而是已经涉及对美好生活、对学习型社会、对终身教育与社会关系的热切呼唤。

在《学会生存——教育世界的今天和明天》中,当富尔以"教育与人类命运"为题时,就已经突出对人类社会发展的深切关注,对"人类的统一和它的前途""人类特有的同一性""非人化的根本危险"的关注,[②] 对"唯有全面的终身教育才能培养完善的人,而这种需要正随着使个人分裂的日益严重的紧张状态而逐渐增加"的"呈送报告"中,[③] 表达出他对人、教育以及人

---

① 保尔·朗格朗.终身教育引论[M].周南照,陈树清,译.北京:中国对外翻译出版公司,1985:17.
② 联合国教科文组织国际教育发展委员会.学会生存——教育世界的今天和明天[M].华东师范大学比较教育研究所,译.北京:教育科学出版社,1996:3.
③ 富尔.呈送报告[M]//联合国教科文组织国际教育发展委员会.学会生存——教育世界的今天和明天.华东师范大学比较教育研究所,译.北京:教育科学出版社,1996:2.

类的深切关怀。

作为价值取向的终身教育，以鲜明的追求、愿望和期待为特征，传递和表达着主体对于事物的态度，直接呈现出主体对生活、对世界的情感和立场。

1. 人的全面发展的价值取向

终身教育的经典文献均关注人的潜能实现，关注人的全面发展，关注培养"完人"。这恰巧与当前我国教育改革中对人的全面发展的追求形成有机连接。反观当前我国教育的实践发展与走向，国家层面持续强调学生减负，继续突出教师减负，对学校教育教学方式的转变提出明确要求，在为终身教育发展注入新活力。

就终身教育体系建构而言，还涉及社区教育、成人教育、老年教育等领域的发展。这在《学会生存——教育世界的今天和明天》中也有明确阐释："人类发展的目的在于使人日臻完善；使他的人格丰富多彩，表达方式复杂多样；使他作为一个人，作为一个家庭和社会的成员，作为一个公民和生产者、技术发明者和有创造性的理想家，来承担各种不同的责任。"[①]

在终身教育领域中，对人的多元角色的关注，对人的生活关系的突出，对真实的人与人之间共同生活、共同发展的研究，值得我们继续领悟。

2. 教育不断完善的价值取向

终身教育涉及教育的目标、功能、类型及其关系等。就教育自身来说，旨在使教育的内容、方法、评价及渠道、属性、功能等与社会发展、人的成长规律相适应，以克服和消减当下教育中的应试、功利及速成等弊端。基于不同视角的考量，可以将教育划分为多种类型，如校内教育和校外教育，基

---

① 富尔. 呈送报告［M］//联合国教科文组织国际教育发展委员会. 学会生存——教育世界的今天和明天. 华东师范大学比较教育研究所，译. 北京：教育科学出版社，1996：2.

础教育、高等教育、成人教育、社区教育、老年教育，正规教育和非正规教育等。这些不同类型的教育，统筹于终身教育系统之中，一方面强调各级各类教育之间的关联与贯通，另一方面突出不同教育机构或单位在价值观上的一脉相通。

反观现实，我国的成人教育在对儿童教育、高等教育等的影响上显然处于弱势地位。这促使我们思考：终身教育对于人、家庭、社会到底意味着什么？当前的终身教育究竟发展到何种程度？终身教育的功能、角色的发挥状态又呈现出何种样态？作为一种价值取向的终身教育，需要我们持续去追求教育的自我更新。

3. 民族、国家和人类命运共同体建设的价值取向

终身教育承担着宏大的历史使命，致力于实现人类的共同发展，为21世纪某些国际政策的形成提供了方向指引。如21世纪以来的《仁川宣言》《建设学习型城市北京宣言》《墨西哥城声明：建设可持续发展的学习型城市》《反思教育：向"全球共同利益"的理念转变？》等。这些文件均指向"人类进步""城市发展""地球和谐""世界繁荣"等。如《仁川宣言》明确提出：我们的愿景是通过教育改变生活。我们怀着紧迫意识，承诺要制定一个全面的、有雄心、有追求、不放弃任何人的单一和更新的教育议程。这一新愿景完全体现在了拟议的可持续发展目标4（"确保包容和公平的优质教育，让全民终身享有学习机会"）及其相关具体目标之中。此外，在《反思教育：向"全球共同利益"的理念转变？》的报告中，联合国教科文组织进一步强调：应将以下人文主义价值观作为教育的基础和目的：尊重生命和人格尊严，权利平等和社会正义，文化和社会多样性，以及为建设我们共同的未来而实现团结和共担责任的意识。

上述从人的全面发展、教育的不断完善和国家、民族与人类命运共同体建设的角度分析了终身教育的三种价值取向。当我们将其放归价值取向层

面，更能体会到它与思想观念的有机联系，也更能体会到终身教育研究者、实践者所创生的知识体系的强大的精神力量支持，即价值取向的支持。

（三）终身教育是一类思想方法

各类思想观念的酝酿、提出与发展，均有其内在的思维方式或思想方法。联合国教科文组织原总干事在为莫兰的著作所作的序言中指出："我们要接受的一个最困难的挑战将是改变我们的思维方式，使之能够面对形成我们世界的特点的日益增长的复杂性、变化的迅速性和不可预见性。我们应该重新思考组织知识的方式。"[①]朗格朗也强调："人们会懂得，终身教育的概念是圆周式的：只有当人们在儿童时期受到了良好而合理的教育，这种教育以实际生活的需要为基础，又为社会学、心理学、身心卫生的研究成果和数据所阐明，他们才可能有名副其实的终身教育；但是，除非成人教育在人们的思想和生活方式中牢固地确立了自己的地位，除非它有了坚实的组织基础，否则就不能完成这样一种教育。"[②]从中可以看到，其强调终身教育对形成一种自组织式、相互影响的生活方式的价值和作用。倘若我们不用一种相互反馈、动态生成的思想方法去理解终身教育的话，就很难领悟朗格朗为何会生发、提出或表达此种观点。

对思想方法的重视，同样是中国领导人一直倡导并身体力行的。习近平总书记于2019年1月21日在省部级主要领导干部坚持底线思维着力防范化解重大风险专题研讨班开班式上发表了重要讲话："领导干部要加强理论修养，深入学习马克思主义基本理论，学懂弄通做实新时代中国特色社会主义思想，掌握贯穿其中的辩证唯物主义的世界观和方法论，提高战略思维、历

---

① 马约尔.联合国教科文组织总干事作的序言[M]//莫兰.复杂性理论与教育问题.陈一壮,译.北京：北京大学出版社,2004：4.
② 保尔·朗格朗.终身教育引论[M].周南照,陈树清,译.北京：中国对外翻译出版公司,1985：16.

史思维、辩证思维、创新思维、法治思维、底线思维能力，善于从纷繁复杂的矛盾中把握规律，不断积累经验、增长才干。"①这里所突出的思想方法或方法论，是对领导干部的要求和规范，同样是教育理论研究者与实践者需要自觉培养并加以应用的。

我们再以思想方法的视角审视终身教育。朗格朗提出："自那时以来，我在成人教育方面有了将近三十年的实际经验，并就这些经验进行了反复的思考。我取得的大部分成绩都应归功于'平民和文化'的实验，这个实验为我们每个人提供了许多有价值的思想和认识问题的方法，在很大程度上我们至今还是依靠这些方法，得益于这些思想。"②可见，他在力图强调终身教育是一种"有价值的思想"的同时，还蕴藏着对"认识问题的方法"之内涵的思考。也如他所言："当我们说到终身教育的时候，我们脑子中始终考虑的就是教育过程的统一性和整体性。"③这启示我们，在对成人教育、终身教育进行理论研究和实践推进之时，尚需从整体、关系、结构以及系统的角度思考终身教育及其作为一种思想方法的问题。

1. 突出长程思维，重视时间的价值和意义

终身教育是个体从"摇篮"到"坟墓"的教育，贯穿人的整个生命周期，自然而然体现出长程思维，突出时间在终身教育中的意蕴。

基于此，反观当前我国终身教育的理论建构、实践推进，这种思维方法是否真正体现在教育理论者和实践者的思维当中？在理论建构方面，存在以人的年龄为依据对终身教育进行时间层面上的切割，破坏了终身教育对终身

---

① 新华社.习近平在省部级主要领导干部坚持底线思维着力防范化解重大风险专题研讨班开班式上发表重要讲话［EB/OL］.［2019-01-21］.http：//www.gov.cn/xinwen/2019-01/21/content_5359898.htm.

② 保尔·朗格朗.终身教育引论［M］.周南照，陈树清，译.北京：中国对外翻译出版公司，1985：12.

③ 同②：15.

学习与发展的追求。就终身教育实践推进而言，同样存在残缺性的状态。尽管实践在尝试衔接不同时间阶段的教育，但从长程思维的本真来看，存在对长程思维的误解，背离了这一思维方法的初衷，实践效果大打折扣。

将长程思维方法应用于对教育发展状态的判定和评价，不仅是厘清每一阶段的教育工作者和受教育者是否有时间前后衔接的意识，而且应以长程思维去理解或设计终身教育的当下路径和未来发展，乃至于一个个具体的教育活动的设计与开展，都体现长程思维，凸显一个个教育活动可能具有的终身教育价值。

2. 突出整体思维，超越机械论与局部观

在教育发展中，不能以部分的教育类型去替代整体的教育设计，而要从整体上对终身教育的结构、功能、关系、状态以及生态等进行全面规划。对终身教育的理解不适合以具体的教育阶段、教育形态的简单拼加替代对终身教育的整体认识，不能脱离终身教育体系的整体面貌而发展其具体的部分或环节，而应始终保持对终身教育部分之间的实质性联系，对终身教育系统的整体性状态做出精准分析和判断。

以整体思维审视我国终身教育体系的发展，其理论建构方面的残缺和实践过程中的断裂依然存在。如老年教育、校外教育、社会教育的发展明显存在短板，致使当前我国终身教育体系建设并未实现整体优化。而且，如何在整体结构意义上统筹各教育部分之间的动态平衡与发展关系，超越具体的小学、中学、高等教育、社区教育、成人教育、老年教育等的割裂关系，需要进行思维更新和实践转向。

这在当前"社区教育"研究等领域表现很明显。作为一个高度综合的教育领域，20世纪80年代社区教育源于中小学与社区的合作，在经历了"社区学校"等实体化建设后，意外地出现了中小学几乎退出社区教育系统，而"社区教育"约等于"社区学校教育"的状态。有参与20世纪80年

代社区教育发展的当事人说:"现在好了,每个区都有社区学校,都是教育部门给一幢房子,搞什么也不知道,我可以不客气地讲,现在搞社区教育的无非就是老年人报个名,上个辅导班什么班的,充其量是老年大学里的分校。"①

这种发展状态是值得深入反思的,也更体现出加强系统观念的重要意义。

3. 强调融通思维,克服二元对立的现象

个体作为终身教育的主体,其学习和发展的时间、空间、资源等均应与他的日常生活相融通,并随着生活的发展而不断实现原有学习与正在进行和即将到来的学习之间的融通。《学会生存——教育世界的今天和明天》明确认为:"学校不能和生活脱节,儿童的人格不能分裂成为两个互不接触的世界——在一个世界里,儿童像一个脱离现实的傀儡一样,从事学习;而在另一个世界里,他通过某种违背教育的活动来获得自我满足。"②这不仅是批评学校教育在人才培养方面存在问题,更是在用融通的思维方式发现当前教育中存在的二元对立问题。

如此思考,就会突出终身教育中具体人的角色多元性、生活统一性和学习融通性。这种思维方式也在《反思教育:向"全球共同利益"的理念、转变?》中得到体现:我们需要采取整体的教育和学习方法,克服认知、情感和伦理等方面的传统二元论。

如若将终身教育理解为一种融通式的思想方法,必然需要关注终身教育发展中的人与人、人与事、人与自然和社会等的性质,在多样复杂的关系中理解具体的人,在开展实践中成就具体的人,充分展现人、事、自然和社会

---

① 张永.社区教育:回到源头的思考[J].中国成人教育.2013(9):5.
② 联合国教科文组织国际教育发展委员会.学会生存——教育世界的今天和明天[M].华东师范大学比较教育研究所,译.北京:教育科学出版社,1996:12.

的综合融通。

上述三方面阐述的内容，是思想观念形成的思维基础，也是价值取向得以清晰与获得合理性的理性保障。将终身教育视为一类思维方式，要求以"终身教育"的方式思考，而不仅仅是知道这个概念、理解它的追求。

（四）终身教育是一个发展战略

终身教育是一个不断改进、逐渐发展的过程，通过相关教育实验、社会实验和个人实验表达出来，并基于具体的战略行动呈现不断实现、不断表达、不断显现的"成就"。

朗格朗近30年的"平民与文化"实验，推动了终身教育的理论建构和实践发展。《学会生存——教育世界的今天和明天》同样对世界诸多国家的终身教育实践进行了历史梳理、当下分析乃至未来走向的预判。尤其难得的是，《学会生存——教育世界的今天和明天》从全球视角出发，基于国际社会合作的需要，提出了一系列具体的发展战略，约占该报告篇幅的三分之一。

根据对《终身教育引论》《学会生存——教育世界的今天和明天》等文献的理解，结合我国终身教育事业发展的历史脉络和当下状态，我们可将终身教育视为一个发展战略。它以反思终身教育的当下问题为起点，以倡导和鼓励终身教育的实验为抓手，并坚持整体建构和综合发展的战略布局。

1. 以反思终身教育的当下问题为战略起点

作为一个系统工程，终身教育首先要求不断回归终身教育的思想、思维和价值取向上，自觉检视已经存在或潜在的若干问题，而不是沾沾自喜于过程中的点滴进步。在这一点上，《终身教育引论》和《学会生存——教育世界的今天和明天》都已经树立了直面现实、发现问题、深度分析问题和发现未来可能的榜样。

我国对于终身教育作为一类思想观念的接纳已经实现,并直接体现在一系列的政策文本、大学教科书、各类学术论文、相关实践者的语言系统中。但是,距离价值取向、思想方法和发展战略上的"终身教育",显然还有相当大的发展空间。

就发展战略而言,当前我国终身教育体系的顶层设计是否清晰?基层创造有没有受到鼓励?不同层面的发展是否实现了互动?立法、制度建设、主体发展等重要的战略问题存在哪些突出的短板?如何更充分地调动教育资源?如何发挥终身教育主体的创造性?如何促成城乡终身教育发展的互动共赢?

对这些问题进行理性审视、反思,开展充分的讨论,鼓励实质性的改变,是终身教育发展的前提条件。终身教育需要我们以这样的方式开展工作,要去"做",而不仅仅是"言说""思考"和"期待"。

2. 以倡导和鼓励终身教育实验为战略抓手

教育实验是推动教育研究和发展的重要方式,且教育实验的效果可以成为教育发展的重要导向。如朗格朗的"平民和文化"实验、《学会生存——教育世界的今天和明天》中各个国家的扫盲识字实验,均对人、教育和社会的发展起到引领作用。

我们也需继续开展多种类型、风格的教育实验。我们不仅需要继续对正规教育进行多元化的实验,以终身教育的思想、思维和取向不断改造、完善现有的正规教育,而且需要在成人教育、校外教育、家庭教育等更多领域开展丰富的教育实验。以笔者与合作者一起推动的隔代教育实验研究为例[1],其不仅涉及家庭内的隔代教育和学习,跨越家庭场域的互动和学习,学校、家庭和社区的合作与发展,还进一步扩展到老年大学与中小学机构

---

[1] 李家成.隔代教育的实践类型与发展走向——兼论学习型社会建设中的隔代学习[J].教育视界,2019(7):31-32.

或单位之间的互联互通，并可能产生更多具有合作共生性质的实验平台、方式和内容。

就叶澜领导、笔者参与的"新基础教育"研究而言，同样有着对终身教育研究的重要贡献。自1994年开始，历经近30年的探索，"新基础教育"在促进学校转型与实现人的主动、健康发展方面，进行了多元、深入、持续的探索，而且在相关地区的二十年的持续实践，体现出这一研究的生命力和价值。[①]

终身教育是开放的，是推陈出新的，要求我们以这样的方式投入教育发展之中。

3. 坚持整体建构、综合发展的终身教育战略布局

终身教育实践要体现出整体建构、综合发展的思路，避免仅关注短期效益或只关注修修补补。

要达此设想，需要回归到原点上，对终身教育的内涵、特征、性质、功能等重新进行思考，逐渐厘清和勾勒出终身教育的"画面"，尤其是对终身教育体系中的总体问题、核心问题进行敏感而持续的研究。如果将上文中的价值取向、思想方法和发展战略作为认识、思考和推进我国终身教育的基本依据，则会给我国终身教育的当下发展和未来走向带来新的视野、思路和目标，如：终身教育主体间的共学互学关系建立的必要与可能，各类教育机构互联互通的意义与途径，通过终身教育促进人类命运共同体建设的可能性与现实性等。

自然，从发展战略的意义上认识终身教育，因为其内涵的丰富性，结合具体发展阶段，尤其是我国经济社会发展现实和教育发展现状，这一战略还

[①] 20年200校"新基础教育"惠及3 000教师数万学生，"新基础教育"扎根闵行20周年纪念大会举行［EB/OL］.［2021-01-30］. http：//ecnuxb.cuepa.cn/show_more.php? doc_id=3312237.

有很多需要研究之处。例如，如何基于现状，逐步推动终身教育在国家、省市、区县、社区的不断实现？如何处理终身教育发展战略中的顶层设计与基层创造的关系？如何将综合整体与具体的补短板、阶段性的发展重点相结合？如何将制度、文化与教育工作者的力量融为一体？如何以中国终身教育的创造性实践与研究实现国际对话、参与全球终身教育治理？如何加强终身教育研究力量？目前，国家和各省市制定与实施"十四五"规划，其中作为一种发展战略的终身教育，会遇到更多的挑战，也会有诸多的新探索。

总之，"终身教育"不是一个平面化的概念，其具有立体的内涵。我国终身教育的理论建构、体系完善、实践创新，均需要不忘终身教育的"初心"，并以"终身教育"的方式去解读、去追求、去思考、去实践！

第二章　人的发展的终身性与内动力

> 只有充分、多方面得到发展的个体，才能构成富有内在生长和创造力的社会共同体，才能不断实现人类及其社会的完善与多元互动、精彩纷呈的和谐发展。①

——叶澜

终身教育是为了人终身发展的教育，是成就人的生命内涵的教育，是与人的生命相互玉成的教育。无论是概念的内涵，还是具体的表现形式，终身教育都天然地与人的发展联系在一起，且更为突出"终身"，更加彰显"终身发展"。

在对人的发展的理解上，终身教育的追求与叶澜所开创的"生命·实践"教育学派的研究，乃至其更早期的著作《教育概论》，有着内在的融通。如叶澜曾比较过她对于"教育"的概念界定与王国维所界定的概念的差异。在《教育概论》中，她明确"教育是有意识的以影响人的身心发展为直接目标的社会活动"②；而王国维1905年编著的《教育学》"绪论"中关于教育的定义是："教育者，成人欲未成人

---

① 叶澜. 溯源开来：寻回现代教育丢失的自然之维——《回归突破："生命·实践"教育学论纲》续研究之二（下编）[J]. 中国教育科学，2020，3（2）：23.
② 叶澜. 教育概论[M]. 北京：人民教育出版社，1991：8.

之完全发育，而所施之有意之动作也。"①叶澜指出，二者的区别在于她将教育作用的直接对象看作所有人及贯穿于人一生的身心发展，王国维则限于成人对儿童。她强调："本人的概念界定，是在终身教育视界中的考量。"②

当然，本章将集中关注人的生命全程意义上的"终身教育"内涵，以继续探讨如何在当代中国背景下开展对人的终身发展研究，之后诸章还会在"空间""作用方式"等方面继续阐述叶澜上述概念及系列研究成果所具有的"终身教育研究"的内涵。

一、当前"终身教育"实践对人的发展的理解

"终身教育"关注人的终身发展、终身学习，但是，在实践和相关理论表达中，相关学者和实践工作者又是如何理解"人的发展"这一基本问题的呢？

（一）关注终身，但未能对个人进行深入研究

有学者指出："细想一下，强调终身教育、终身学习，实际上也是回到教育的原点。这个原点就是育人，就是人的成长，就是助力人的幸福生活。所以，终身教育、终身学习同教育的原点和教育的根本魂灵是紧密相通的。我们现在不光是高等教育，而且中小学教育也一直在讲要让学生的学习具有自主性，要有兴趣，不能强迫。所有这些其实都属于终身学习、终身教育的范畴，都和终身教育、终身学习在一条线上。但迄今为止，还没有人'技术性地'把高等教育、中小学教育同终身教育、终身学习联结在一起。于是，我们整个人生的教育被人为地切割成、肢解成（缺乏有机关联的）各个学

---

① 王国维.教育学[M].福州：福建教育出版社，2008：1.
② 叶澜.终身教育视界：当代中国社会教育力的聚通与提升[J].中国教育科学，2016（3）：57.

段、各个方面，这怎么能够促进人的完整成长呢？人生怎么可能幸福呢？不可能的。"[1] 上述论点，不仅要求各类教育形态形成整体，而且突出"终身教育"对于人的发展的理解和追求。

当前众多的终身教育研究成果，都认同"终身"与"终身教育"的关系，都突出"从摇篮到拐杖"的观点，但是，相对于基础教育、高等教育对儿童青少年的研究成果，对成人的发展研究明显处于弱势，也更加缺乏对"个人"的"终身"的关注与研究。

以高等继续教育为例，作为终身教育体系中的重要构成，它的质量高低直接决定学习者在高等继续教育中能否有获得感、幸福感。有研究者指出："教学是高等继续教育的中心环节，也是影响高等继续教育内涵式发展的关键。目前，我国高等继续教育教学暴露出多重问题，其中最突出、最严重的问题有两点：一是教学模式单一，函授、业余教育仍多停留于传统面授教学，网络教育则更多依赖网络教学；二是教学方法滞后，教学过程流于形式，教学质量难以保证。此外，受到经济利益驱动、办学条件限制等因素影响，一些函授、业余教学点的教学活动严重缩水甚至有名无实，这也是导致高等继续教育质量下滑的主要原因。可以说，深化教学改革已成为我国高等继续教育改革发展的迫切之需。"[2] 上述观点值得充分重视。成人学习需要有更灵活的方式方法，需要充分利用学生（学员）已有的知识基础和学习能力，更密切地结合生产生活实际，学以致用，知行合一。因此，非常需要加大对具体教育教学质量的研究，突出高等继续教育的独特性。同时，明确高等继续教育领域教学方式的特点，在教育改革与发展背景下彰显其特殊性，实现其引领教育改革与发展的价值。不仅在知行关系上，而且在合作学习方面，要大大加强学员之间的互动，促成高质量的共学互学；要加强线上

---

[1] 吴康宁.终身教育：理念还是体系？[J].终身教育研究，2021（1）：11.
[2] 何爱霞.高等继续教育内涵式发展的时代意蕴与实现路径[J].终身教育研究，2018，29（5）：6.

线下的结合，特别是经历疫情时期教育的探索之后，要进一步研究如何实现融通教学，形成适合高等继续教育的教学模式，促成更高质量的教学改革与发展。但正是这样的研究和实践，非常缺乏对学习者的特征、发展机制的研究，也难怪有研究者指出："中国成人高等教育作为一种异托邦的现状被孤立在高等教育领域，对教师和学生产生了负面影响，削弱了学生的成就，并边缘化了其毕业生的劳动力。"[①]

这一研究结论，无疑是在提示终身教育研究者要大力加强对终身教育中的人的研究、终身教育与人的关系的研究。而且，随着终身教育的持续发展，高等继续教育机构也需要加大对其他各类人群的关注，强化服务全民终身学习的意识和能力，将服务国家战略、经济社会发展、当地社区发展等落到实处，使更多主体增加对高等继续教育的满意度。以当前应对人口老龄化为例，就需要高度关注高等教育机构如何更好服务本校退休教职工的学习，关注如何服务当地社区居民，关注如何参与老年大学的建设与发展等。事实上，随着我国人口结构的变化，老年人对高等继续教育有着更为多样的需求，他们在参与高等继续教育的过程中提升自身素质，也有助于国民素质的整体提升。特别需要突出的是，这种服务既有针对非本校的老年人等的教育，也有将多类型人群融为一体，进而同时促成本校大学生发展的教育格局。例如，有研究者发现，组织大学生开展代际对话的服务学习，有利于促进长期护理中心居民和大学生之间的代际交往，实现互利共赢，且该模式也会激发大学生在学术和职业生涯早期对老年学和老龄化教育的兴趣，促进大学生的社会性发展。类似的研究，都需要建立在对终身教育中的人的发展、人的终身发展的特殊性的研究基础上。

不仅是在高等继续教育领域，在对老年人的研究中，或在以学段之间衔接、沟通为节点的跨学段的研究中，在同一主题于不同学习系统的转换中，

---

① 关珊珊. The Exploration of the Status and Development Direction of Chinese Adult Higher Education（博士后研究工作报告）[D]. 上海：华东师范大学，2020.

都需要持续加强对"人"的研究，着眼于人的全面发展，突出人的多元角色，揭示人的发展机制。

《学会生存——教育世界的今天和明天》指出："每一个学习者的确是一个非常具体的人。他有自己的历史，这个历史是不能和任何别人的历史混淆的。他有他自己的个性，这种个性随着年龄的增长而越来越被一个由许多因素组成的复合体所决定。"[①] 在《学会生存——教育世界的今天和明天》中可以得知，这个复合体是由生物的、地理的、社会的、经济的、文化的和职业的因素所组成的，而这些方面对每个人来说，都是各不相同的。当我们选择教育的最终目的、内容和方法时，就必须充分考虑这一点。因此，"进入教育过程的个体是一个具有文化遗产的儿童，他具有特殊的心理特征，在他的内心有家庭环境和经济状况的影响。但在继续教育中还有成人——生产者、消费者、公民、家长——而且这里面有幸福的和不幸福的。如果人们认识到这种情况，就必然会在教育实践中引起剧烈的变化，而不管这些地方过去是否已经发生过这种变化。大多数的教育体系，无论是在它的机制方面还是在它的精神方面，都不把个人看作具有特性的人。一个权力集中的官僚行政机构不可避免地会把人当作物品。如果我们不改革教育管理，不改革教育程序并使教育活动个别化，我们就既无法履行也不能取得具体人的职责。这种具体的人是生气勃勃的，有他个性的各个方面，有他自己的各种需要"[②]。

这里系统、连续的阐述，不仅强调了人的具体性、综合性、复杂性，不仅突出了人与外部环境、生活的多维关系，而且强调了人与教育的关系，要求教育目的、内容、方法、体系建设、教育管理、教育活动等都从这样的人性观出发加以更新、改革。从这样的视角出发，终身教育领域还有太多要实现的思想转变、行为更新、体系重构和研究者的觉醒。

---

①② 联合国教科文组织国际教育发展委员会.学会生存——教育世界的今天和明天[M]. 华东师范大学比较教育研究所，译.北京：教育科学出版社，1996：196.

（二）重视学习者中心，但对人的主体性研究需要加强

突出学习者中心，在诸多关于终身教育研究的文献中多有提及，都强调学习者的主动性。在终身教育的经典文献《学会生存——教育世界的今天和明天》中，非常鲜明地倡导一种积极的人性观，认为："过去，无知和无能注定使人们对于外界影响（无论这种影响是来自自然界的，来自其他人的或来自一般社会的）做出的反应，不是逆来顺受，便是神经过敏。今天的新人已经在领会、认知和理解这个世界了；他已经具有了必要的技术，可以根据他自己的利益合理地影响这个世界。然后他又用物质产品和技术结构丰富这个世界。所有这一切都说明，人已经成了他自己命运的潜在主人。"① 基于这一基础性的人性观，《学会生存——教育世界的今天和明天》对于人的终身学习、人的自我教育寄予厚望，也通过一系列科学研究、教育改革实践的成果，论证了人的主动学习、主动发展的现实性。该书倡导："未来的学校必须把教育的对象变成自己教育自己的主体。受教育的人必须成为教育他自己的人；别人的教育必须成为这个人自己的教育。这种个人同他自己的关系的根本转变，是今后几十年内科学与技术革命中教育所面临的最困难的一个问题。"② 半个世纪过去了，该书所倡导的学校教育改革还在路上，方向依然充满召唤力；在学校教育系统之外，这样的思想同样有着重要的意义。

如果说上述讨论在现有的学校教育体系内更具有针对性，那么《终身教育引论》所倡导的成人教育的方式方法又怎样呢？朗格朗指出："我们力图不用先验的方法去向人们灌输现成的、陈腐的文化；我们深信，教育工作者对其他任何一个人，特别是成人能提供的帮助就是给他以工具，将他置于一种环境，使他能够依靠自己在社会上的地位、自己的日常经验、斗争、成功

---

① 联合国教科文组织国际教育发展委员会.学会生存——教育世界的今天和明天[M].华东师范大学比较教育研究所，译.北京：教育科学出版社，1996：192-193.

② 同①：200.

和挫折来建立自己的知识体系，进行独立思考，并逐步地形成和发展自己的个性，使个性的各个方面得到充分的表现。换言之，按照这种观点，进行思想交流、独立思考、参与共同事业的能力已成为和学习的能力同样重要的事情，不管这种学习的目的是满足好奇心还是为了提高自己工作或工会或政治活动的效率。这样，我们就赋予人——在完全意义上的人——以最重要的地位，也是他当之无愧的地位，并把文化的获得放到一个合适的位置上去，而这意味着，只有当文化成为活生生的、战斗的人的有机成分，成为一系列有独特个性的生活经验的一部分，它才会相对地变得有意义。"①上述阐述凸显了成人教育领域中教育活动开展的特殊性，揭示了成人学习与发展的特点。

回归到我国终身教育发展的整体状态中，就价值取向而言，"当代中国社会需要并正在形成个体与群体、组织之间的积极的互动关系。个体在群体、组织、单位中生存发展，以自身的创造力推动群体、组织、单位的发展；而群体、组织、单位需要、尊重个体并借助于个体的创造力实现自身的正常运行与不断更新。两者是多维、多层、长时、动态的关系"②。在具体的教育实践中，无论是中小学、大学，还是老年教育机构等，只要面对人，都有着非常重要的人的学习方式转型和人的主体力量表达的迫切需要。

2019年，中共中央、国务院印发的《关于深化教育教学改革全面提高义务教育质量的意见》明确要求"坚持知行合一，让学生成为生活和学习的主人"，并进一步具体要求"突出学生主体地位，注重保护学生好奇心、想象力、求知欲，激发学习兴趣，提高学习能力"③。这一文件，可以说明当前教育中学习者的主体地位尚未真正确立，仍需要持续努力。2020年，依然

---

① 保尔·朗格朗.终身教育引论[M].周南照，陈树清，译.北京：中国对外翻译出版公司，1985：10.
② 李家成.关怀生命：学校教育价值取向探[M].北京：教育科学出版社，2006：16.
③ 中共中央、国务院.关于深化教育教学改革全面提高义务教育质量的意见[EB/OL].[2020-06-01].http：//www.gov.cn/zhengce/2019-07/08/content_5407361.htm.

由中共中央、国务院印发的《深化新时代教育评价改革总体方案》中，明确要求："树立科学成才观念。坚持以德为先、能力为重、全面发展，坚持面向人人、因材施教、知行合一，坚决改变用分数给学生贴标签的做法，创新德智体美劳过程性评价办法，完善综合素质评价体系，切实引导学生坚定理想信念、厚植爱国主义情怀、加强品德修养、增长知识见识、培养奋斗精神、增强综合素质。"①

当以这样的思想继续观察、研究社区教育、老年教育、高等继续教育等，就会发现，在综合的评价领域，在具体的教育教学领域，学习者的主动性依然不足，政府主导、教育者主导的现象，在终身教育体系中，在具体的终身教育实践中，长期、普遍存在。

（三）教育中互动生成研究的缺失

如果机械地理解"学习者中心"，很容易走向二元对立的思维方式，忽视教育中的互动生成，忽视教师或教育工作者与学习者之间的合理关系。而教育是一种交互作用的过程，具体的教育实践必须体现这一交互性。但是，在当前我国教育中，主体间的关系处于一种割裂分离的残缺状态。这种割裂表现为人的角色的丰富性、交往关系的丰富性、学习过程的丰富性被割裂的关系所禁锢，进而降低了教育中具体人的活性，压抑了人本身所具有的生命力。

以最为典型的学生、家长和教师之间的关系为例，我们在一份研究报告中指出，对于学生暑假作业而言，所谓的常态即教师作为暑假作业的布置者，学生作为暑假作业的完成者，家长作为学生完成暑假作业过程中的监督者。②之所以会产生如此明确、绝对的角色分工，在这一关系形态的背后，

---

① 中共中央、国务院.深化新时代教育评价改革总体方案［EB/OL］.［2020-12-01］.http://www.gov.cn/zhengce/2020-10/13/content_5551032.htm.
② 顾惠芬，李家成，李燕.学生主导，三力共驱，综合融通——常州市某小学暑假作业重建研究报告［M］//杨小微，李家成.中国班主任研究.北京：北京大学出版社，2017：134.

显然是人的角色在具体情境中被单一化，人作为学习者的基本角色被忽视，以至于学生仅仅被视为"学者"，而教师单单被视为且被自己视为"教者"。如此，人和人之间的主体关系必然会形成单一、确定、静止的教与被教、学与帮学的简单、线性关系。

何止暑假作业，在学校教育、家庭教育乃至社区教育中，均存在将具体的个人个体化、孤立化的非正常现象，忽视人与人之间的多类型的联系，进而出现轻视人与人之间的联系，难以大幅度提升教育效益的现象。

如我们一直强调城市教师去支援、帮助乡村教师，却极少让城市教师向乡村教师学习。城乡教师之间，应从学习主体的视角建构起共同学习、互相学习的新型关系。

如我们虽关注家校合作，却往往只重视教师作为家长的家庭教育指导者的角色和家长的学习者角色，极少研究家长作为教师的家庭教育指导者的角色，甚至是课堂教学指导者的角色，更不可能自觉地建立起教师和家长之间的共同学习、相互学习关系。再如家长与孩子（学生）的关系，更多是强调家长作为孩子发展的监督者、管理者的角色，很少强调学生作为家长的"教者"、学生和家长同时作为学习者等多元化的角色关系。

如我们重视老年教育，但也往往将老年学生的交往关系单一化或将其置之不顾。我们倾向于为老年人提供更加丰富、更有质量的课程，但很少思考老年人的终身学习如何与家庭生活、社区生活、人际关系等形成有机融通。老年人作为学习者，在与教师之间建立起教学关系的同时，是否也可以建立起以老年人为教育者的其他类型关系，并在老年大学中形成更为丰富、更为灵动的师生关系、生生关系？是否可以将老年人自身所拥有的丰富的家庭、社区生活、文化等资源有效地转化为老年大学的教育教学资源，从而丰富和充实老年教育的立体化内涵？是否可以随着老年人交往关系的延伸和拓展，将老年教育的个体效益和社会效益进一步提升？

再以2020年新冠肺炎疫情背景下国务院办公厅印发的《关于切实解决

老年人运用智能技术困难实施方案的通知》[1]为例,其中与教育系统直接相关的两项内容为:

> 19. 加强应用培训。针对老年人在日常生活中的应用困难,组织行业培训机构和专家开展专题培训,提高老年人对智能化应用的操作能力。鼓励亲友、村(居)委会、老年协会、志愿者等为老年人运用智能化产品提供相应帮助。引导厂商针对老年人常用的产品功能,设计制作专门的简易使用手册和视频教程。(教育部、民政部、人力资源社会保障部、国家卫生健康委、市场监管总局、银保监会、证监会等相关部门按职责分工负责)
>
> 20. 开展老年人智能技术教育。将加强老年人运用智能技术能力列为老年教育的重点内容,通过体验学习、尝试应用、经验交流、互助帮扶等,引导老年人了解新事物、体验新科技,积极融入智慧社会。推动各类教育机构针对老年人研发全媒体课程体系,通过老年大学(学校)、养老服务机构、社区教育机构等,采取线上线下相结合的方式,帮助老年人提高运用智能技术的能力和水平。(教育部、民政部、国家卫生健康委等相关部门按职责分工负责)

上述内容中,决策者已经开始关注老年人的"体验学习、尝试应用、经验交流、互助帮扶"等,在一定意义上,已经开始重视老年人学习的主动性问题,而且,也"鼓励亲友、村(居)委会、老年协会、志愿者等为老年人运用智能化产品提供相应帮助"。这已经触及终身教育中的互动性问题。不少老年大学早已开设相关课程。但如果要进行更深入的研究,就需要进一步促进老年人之间的互相学习,并进一步加深老年人与少年儿童、专兼职教师

---

[1] 国务院办公厅.关于切实解决老年人运用智能技术困难的实施方案[EB/OL].[2021-01-30]. http://www.gov.cn/xinwen/2020-11/24/content_5563861.htm.

等的相互学习关系。

上述种种，我们采取了列举的方式，对教育主体间的关系进行了较为具体的阐述和分析，目的在于进一步明确"终身教育"中人与人关系发展的需要，推动终身学习在共学互学的关系中切实发展。

二、叶澜对人的发展的研究

叶澜对终身教育内涵的解读，事实上也都建立在其前期研究的基础上。早在20世纪80年代，她的研究成果中对人的成长阶段、发展任务，人的主动性和生命自觉的持续研究、坚定实践、理论概括和学术对话，为终身教育的人性观、学习观、过程观、评价观等奠定了坚实的基础。

如1986年，她发表了《论影响人发展的诸因素及其与发展主体的动态关系》一文。叶澜自己曾总结该论文的突破点之一为："提出对影响人的发展因素的研究，不能停留在生物学水平上，即局限于从遗传与环境（教育被看作特殊的环境）的角度去认识，而应提升到'人学'水平上：人是具有主观能动性，且能形成自我意识，对自身发展具有策划能力的发展主体；人不仅是发展的主体，而且是影响自身发展的关键性因素，在一定程度上，人决定自我的命运；教育应该使人意识到这一点，教人争做自己命运的主人。"[1]"第二，人对自身发展的影响通过自己的实践完成。是人自己的实践，使影响人发展的遗传与环境所内含的可能性，转化为人的发展现实。是发展主体的实践，使影响发展的其他因素，从潜在可能经主体选择后成为现实发展的转化力量。人自身的实践在发展中所起的这种决定性作用，具有不可替代性。"[2]这些思想的突破、理论的建设，可以成为终身教育研究重要的新基础。

---

[1][2] 叶澜.回归突破："生命·实践"教育学论纲[M].上海：华东师范大学出版社，2015：6.

（一）生命全程背景下人的发展研究

几乎所有的教育学著作或教材都会讨论"教育与人的发展"，但是否会讨论"人的终身发展"，是否会以教育学所特有的方式加以研究和表达，就不一定了。

在《教育概论》一书中，叶澜以上、下两编的方式，分别讨论了"教育与人的发展"主题下的"教育与个体发展相互关系的一般理论概述"和"人生阶段与教育"两个论题。本处集中讨论其有关"人生阶段"的思想，之后再从人的终身发展内动力的角度出发，探讨其所建构的"教育与个体发展相互关系"理论的意义。

1. 终身教育的视野和立场

在早期出版的《教育概论》中，叶澜清晰呈现了对人生阶段的整体理解，并对其进行分阶段探讨，包括"婴幼儿期、童年期的年龄特征与教育""少年期、青年期的年龄特征与教育""成年期、老年期的年龄特征与教育"，进而再作汇总性讨论。这样的结构，已经内涵性体现"终身教育"的思想，已经在人的终身发展意义上探讨教育问题。这意味着教育研究者已经面向全人生的图景，并能在此整体中认识局部。这一成果引领当代终身教育研究者在这条研究之路上继续探索。

这一认识有着置于整体中的具体意识。在叶澜看来，对教育与个体发展关系的认识，只停留在一般理论分析的水平上是不够的。她认为，要分析人生各阶段的一般特征，以促进个体发展的角度研究每一阶段教育所面临的任务，"这一内容将有助于我们加深对教育对象及不同年龄段教育的认识，也是我们反思、认识自己已经走过的人生历程和了解将要经历的人生未来阶段。这种反思，不仅对于我们加深对生命意义的认识是必要的，对于做一个成功的教育者也是有价值的"[①]。

---

① 叶澜.教育概论[M].北京：人民教育出版社，2006：240.

以叶澜的研究风格，她通过对具有代表性的人生发展阶段论进行分析后，进一步提出了教育学视角下的认识与理解。在对现代心理学家对人生阶段的研究进行综述后，她写道："通过以上自弗洛伊德到艾里克森、奥尔波特有关人生阶段的划分，我们可以看到对这一问题研究的发展趋向：从重视单一的生理因素对心理因素的影响，发展到把人作为生理、心理、社会的统一体、相互作用体来分析；从对人不能自主的本能冲动的重视到对人的自我意识、自我组织、自控能力形成的重视。"[1]不仅如此，她还继续在整体与局部的关系意义上提出："从强调人生某一阶段对整个人生的意义，到重视人生每一阶段在人生中的独特意义及相互间的影响。"[2]她进而得出"由此而带来的从对人生的悲剧意义的认识转向对人生自主、积极意义的探求"的结论，而这又渗透她之后几乎所有的研究。[3]

上述内容基于叶澜已有的研究成果，形成了具有鲜明教育学特质的思想。具体表现为以下三点。

一是形成划分人生阶段的标准。在她看来，"我们可以从生理、心理、社会三方面统一的角度来考虑人生阶段的划分，这就是以人与环境交往及活动中的自主水平作为划分的主要标准。这一标准与人的身心发展的成熟程度、人所参与的社会活动的性质以及承担的社会角色密切相关"[4]。

二是明确提出要在终身教育背景下认识人的发展阶段，认为"无论是从当代有关人的发展观念的变化考虑，还是从心理学的研究成果、教育中终身教育理想的提出考虑，我们都应把人生阶段的划分问题扩展到生命的全过程，而不局限于从出生到青春期"[5]。这一思想可谓坚定而清晰。她已经认识到，如果看到人类面临着人口结构趋于老龄化的前景，那么，对这一点则更无可置疑。今天，再读这样的思想，依然觉得意义很大。

---

[1] 叶澜.教育概论［M］.北京：人民教育出版社，2006：247-248.
[2][3] 同①：248.
[4][5] 同①：249.

三是基于对人的年龄特征的理解,明确提出"人的年龄特征并不是每一年龄阶段各方面特征的相加之和,而是各方面的变化特征及它们相互作用的特定内容与方式,它呈现出结构性与整体性"①。这一具有方法论意义的观点,可以直接指导后期的研究。在她看来,"只有不仅把握住特征的方方面面,而且把握住特征的总体的人,才能更深刻地理解这些特征,并有可能找到相应的教育目标,提出影响处在不同年龄阶段的个体发展的有效策略"②。

上述思想观念已经在终身教育研究意义上形成,对当前终身教育研究的深化具有积极的意义。尽管后期叶澜对人的发展的研究更集中于基础教育阶段,但这种整体性的理解,使她的研究与众不同。

站在"生命·实践"教育学派的立场上,叶澜曾如此总结道:

> 在人生阶段与教育的关系研究上,相关章节打破了教育学研究这一问题通常局限于青少年阶段,将其两端延伸至从受孕到死亡,第一次以个体生命全程的视角研究了教育与人生的关系。该章还弥补了通常局限于心理学分析式地描述人生阶段特征、将心理学知识应用式地表达为相关的教育学认识的不足,以不同人生阶段人所必须面对的不同生长、发展的需要与问题,以及由此而形成的整体特征来表征人生阶段特征;从教育促进人发展的价值取向上,提出不同人生阶段的教育任务,如幼儿期的启蒙、童年期的奠基、少年期的起飞、青年期的定向等。在此基础上重建了人生阶段与教育之间关系的理论。③

这段总结,更清晰地呈现了叶澜终身教育研究的特质,而且在研究方法论上突出了探索与创新。进入老年阶段后,叶澜开始重新将个体生命体验、

---

①② 叶澜.教育概论[M].北京:人民教育出版社,2006:252.
③ 叶澜.从"冬虫"到"夏草":"生命·实践"教育学派生成过程的个人式回望[M]//叶澜.方圆内论道:叶澜教育论文选.北京:中国人民大学出版社,2019:11.

时代性的思考、教育性的探索结合，以新的方式投入对"老年"及老年教育的探索。在2018年的随笔中，她结合自己的阅读，体悟自己的发展历程，对人生的阶段性做出如下概括。

> 粗线条地说，所有的人都要经历从身体—精神—社会—全人意义上的独立、自立、自由的过程。能走到底的人生，就是有生命完整意义上体验的人生，是幸福的人生。自立、自由在一定的意义上，是一个人只需对自己的行为负责，不再对别人的行为负责的状态，那只有到了晚年才可能拥有。人生过程的本质在于从依靠、他控、学习（准备服务）和被服务—独立、自控、服务（服务社会和家人）、责任—自主、无他人责任、自由且负责任的三个大的生存状态意义上的变化过程。[①]

这段概括，和国外学者有关第三年龄、第四年龄的表达有着明显差异。世界卫生组织把个体发展的阶段划分成四个相继的年龄期，分别是儿童及青少年期（第一年龄阶段，1—14岁）、职业及谋生期（第二年龄阶段，15—59岁）、退休期（第三年龄阶段，60岁或65岁以上）和依赖期（第四年龄阶段，高龄且生活不能自理）。第三年龄通常是指退休后的年龄，年龄分布在65岁到80岁。[②]基于我国的情况，经常是将"老年人"限定为"60岁及以上老年人"。[③]

初读叶澜上述理论时，笔者也有过疑惑，毕竟人的衰老是个不可逆的过程，觉得叶澜对于人生更接近终点阶段的认识与观点需要继续讨论。但当笔

[①] 叶澜. 杂读有悟 [M] // 叶澜. 俯仰间会悟：叶澜随笔读思录. 北京：中国人民大学出版社，2019：140.

[②] LASLETT P. A fresh map of life：The emergence of the third age [M]. London：Weidenfeld and Nicolson，1989.

[③] 教育部. 关于印发《中国教育监测与评价统计指标体系（2020年版）》的通知 [EB/OL]. [2021-02-01]. http：//www.moe.gov.cn/srcsite/A03/s182/202101/t20210113_509619.html.

者重新从人的发展主体的角度来思考,就能认同叶澜的表达——人的终身发展的本质是人的主体力量的表达过程,是人的生命不断走向自觉的过程。在对"老年"的理解上,如果从人的生命存在的整体出发,而不仅仅是从身体的变化角度考虑,则如此理解人终身发展的最终阶段,既是人性的需要,也是完满人生的表达。其中,同样蕴含着如何理解人的发展的内动力问题,如何理解人的生命性问题。国外有学者通过持续研究,得出如下的结论:"从青年期到老龄期的生命过程,不只是一系列的'生命危机',更是一个得失共存、充满挑战、充满机遇的发展过程。"[1] 该作者坚信:"即便是在生命的最后几年,也可能有着如此之多的个人创造力和满意感。"[2]

综上所述,以终身教育的视野研究人的发展,还需要持续吸收不同学科的资源精华,直面无限丰富的个人的生命历程,继续深入研究终身教育与人的终身发展之间的关系。

2. 成年期、老年期的特殊性

与现有的"终身教育"研究直接相关,而且直接体现不同于基础教育研究内容的,是叶澜对成年期、老年期的研究。就其专业性而言,她所关注、讨论、呈现的,是成人教育研究的内容;因它具有更强烈的终身性,它又是超越成人教育学的内容。

在讨论教育功能时,她明确提出:"教育提高人口质量的功能还表现在对成年人的教育上。对成年人的教育的目的不仅在于使他们自身获得提高,掌握新的知识与技能,以适应社会发展的需求(这也是教育承担的直接提高当代人口质量的任务),而且还要使他们提高对优生、优育的认识,获得相关的知识和能力,以便为自己的后代创造更好的发展条件。为此,成人教育中应包括遗传学、优生学、家庭教育学、儿童与青少年发展心理学等有关人

---

[1][2] 夏埃,威里斯.成人发展与老龄化[M].乐安国,译.上海:华东师范大学出版社,2003:19.

类自身'再生产'和培养的知识，使人们对此持科学的态度，并养成全社会热爱儿童、关心儿童、为儿童各方面健康成长创造有利社会条件的良好社会风气。但现实与这个要求还有很大距离，现在的成人教育还只把注意力集中在成人自己的工作领域，忽视后代的培养问题。对成人的教育除了通过学校教育的途径外，还应充分利用各种非学校教育途径。如大众传播媒介，工厂、机关、企业内部的职工教育，各社会团体组织的教育活动，等等。"①她甚至提出："发展大学后的继续教育，使高级技术人员和管理人员适应科技迅速变化的形势。"②这种认识方式，在经济社会快速发展的大背景下，聚焦教育功能所形成的教育理解，直到今日，依然有积极意义，启示我们如何发展高等继续教育，构建学习型组织，提升全民素质。

不仅有上述结合教育与社会发展关系的讨论，她在《教育概论》中专列一节"成年期、老年期的年龄特征与教育"。她分析了成年期的特征，保持着对国际社会关注"继续教育"问题的敏感，认为"我们可以把成年期接受教育的意义基本确定为促使成年人实现自我更新和发展创造才能，使其不仅不落伍，而且取得最佳成果，保持精神上的朝气和生命的活力"③。

也许有着整体与局部沟通互动的思维，在讨论老年期的主题时，她已经渗透了代际互动的精神，指出"成年人教育还具有间接影响新生一代发展成长的意义"④。她进一步指出："成年人应尽可能多与青年交往和合作，在合作中，不仅善于指导青年，而且善于从青年身上获取活力、敏锐与革新的精神，这对于成年人的身心健康和事业上取得成就都可能有益。"⑤笔者觉得需要高度关注这一思维方式和观点，因为这样的代际互动，对于每位主体都充满价值，也就是这里所表达的成年人与"新生一代"的"青年"的共同发展。

---

① 叶澜.教育概论[M].北京：人民教育出版社，2006：114.

② 同①：131.

③ 同①：270-271.

④⑤ 同①：271.

具体到对于"老年教育"的探索与思考，她很早就提出"对老龄问题，我们也应该树立新的观念"[①]。她提出："如果我们从积极的角度看，就应该改变过去悲观、凄凉的看法，将老年期称为'超然升华'时期，它意味着，人不仅要认真度过自己的前半生，进入老年期以后，仍能不断地接受教育，积极地、洒脱地面对生活、面对社会，使自己能老有所为，老有所福。"[②]这样的思想观念及叶澜自己的生命实践，无不体现她开展终身教育研究的个体生命基础、实践基础。

叶澜高度关注全球老年教育的发展，从文学家、艺术家的人生体悟，到平凡老人的精彩阅历，到全国、全球老年大学的办学情况等，这些有价值的信息，经融合、提炼，形成了她对老年教育的认识：

老年人对教育内容的选择主要围绕着下面四个方面：一是丰富生活情趣，与延年益寿相关，如保健、园艺、旅游、书法文艺等；二是满足夙愿，弥补前一段人生中的某些缺憾；三是开拓一个新的领域，满足好奇心或因社会还需要其涉足一个新领域而学习；四是为总结自己的人生或教育后代而学习，如学习哲学、写作、育儿学、心理学等，旨在使个体的生命意义、生活经验、人生阅历等得到升华，为新一代的健康成长做出贡献。

老年期的教育形式可多种多样，老年学校只是其中之一。即便是老年学校也应以多样灵活、不拘一格、轻松自然、重视人际关系和心理气氛的和谐为重。老年学校应该是最愉快、无真正意义上竞争的学校。对于具有一定文化素养的老年人来说，完全有可能通过自学接受新的知识与教育。

老年教育中还有一个具有普遍性的任务，就是帮助老年人树立积极

[①][②] 叶澜.教育概论[M].北京：人民教育出版社，2006：271.

的、洒脱的老年观和生死观。①

一系列的阐述，从教育内容到教育形式，从整体到重点，反映了叶澜在这一领域的探讨。考虑到这类成果的形成时间，结合当前我国老年教育的发展现状，可见上述思考和探索的积极意义。

3. 对基础教育阶段人的发展的再研究

上述研究进一步回归到人的生命全程，有着对基础教育领域中人的发展研究的重新认识，即在终身发展背景下看到青少年发展问题。朗格朗在《终身教育引论》一书中，也从成人教育重新回归到学校教育研究，提出一个很值得重视的观点："看来很明显，如果一个成人对自己的教育失去了兴趣，如果他除例外情况以外总是对正规和非正规的教育没有热情，那就是由于他在易受影响的年龄即青少年时期没有从提供给他或强加给他的教育中发现他所需要和期望得到的东西。"②

尽管在《教育概论》中，叶澜是先阐述了关于青少年儿童发展的思想，但后期，她对基础教育中的青少年儿童发展的研究、论述，就是在终身发展背景下展开的。在此意义上，就不能简单地将叶澜的研究成果限定在基础教育阶段，因为她早就明确指出："学校教育只有立足于每个人一生的发展，才可能对人的发展起主导作用。"③

在当前关注全民终身学习的背景下，突出对青少年儿童终身学习意识和能力的培养已成为共识。叶澜在研究中，不仅对"理想新人"进行整体描述，而且一直关注教育中学生的主动发展问题。她在《"生命·实践"教育的信条》中明确写道："每个人都得自己活，不能由别人代活。学校中的学

---

① 叶澜.教育概论［M］.北京：人民教育出版社，2006：274-275.
② 保尔·朗格朗.终身教育引论［M］.周南照，陈树清，译.北京：中国对外翻译出版公司，1985：15.
③ 同①：237.

生处于生命成长的重要时期，具有主动发展的需要与可能。学生是学习活动的主体和责任人，是教学活动复合主体的构成。'育生命自觉'从培养学生的自尊、自信和主动性开始。"[1]这一段纲领性的表达，既是她几十年教育研究的积淀，也是通过多年的教育实验研究而得出的真实体悟。重读叶澜有关课堂教学、班级建设、学校教育改革的诸多论述，都能深切体悟到她对于人的主动发展的持续、高度的重视。

叶澜对人的终身发展的关注，也进一步体现在对儿童自我发展意识与能力的关注。她认为："兴趣是开启学生心灵世界大门的钥匙，但教育最终要使他对学习、研究和自我发展有兴趣。感性刺激是通往心灵世界的起点，但教育不能停留于此，停留于此是迁就，不是教育。"[2]这一观点不仅直接有助于认识当前基础教育改革与发展，而且有助于我们研究人的终身学习之意识与能力培养；不仅指导我们关注人的当下生活状态与学习需要，而且着眼于终身发展、未来生活，突出教育的引领性，让教育走在人的发展的前面。

因为高度关注人的终身发展问题，且有着几十年对基础教育研究的深入体悟和直接创造，后期她进一步提出了基础教育阶段要关注"三底"主题。

> 基础教育需要致力于"三底"。为人生打好"底色"，养成向上、阳光、明亮、温暖的心向和态度，这是给孩子一辈子的财富。形成"底蕴"，包括对外部世界、生存能力、习惯和行为方式的培养，也包括对自我的意识和实现自我发展的能力。认清"底线"，有底线意识，人长大了才能成为好公民。
>
> 底色、底蕴、底线"三底"是基础教育阶段重要的养成和需达成的目标。有此"三底"，孩子才有幸福人生，社会才会有健康公民。基础教育就是这样重要的"人"之养成阶段。[3]

---

[1][2][3] 叶澜."生命·实践"教育的信条[N].光明日报，2017-02-21（13）.

多年之后，她如此写道："虽然在不同时期会有所区别，但由个性、气质、品味和格调决定的基调不会变，所以，说到底，最重要的时期还是人受教育的这段时期。以身体为中心到以精神为中心的转化能否完成，也取决于青少年期。"① 这段表达，可以帮助我们进一步理解叶澜所聚焦的青少年发展研究的重要意义。

叶澜也曾总结道："不管时代变到如何，人的成长之必经路线、基本影响因子（人性需求所定）和转折的关键点、关键时期、一定的行进轨迹，则不变。"② 这类具有整体、普遍意义上的观念，继续体现着基础研究的特征和基本理论的特点，值得当代终身教育研究者继续探索。

当叶澜进一步参悟了中国文化中的自然观，重建了当代"新自然观"后，她进一步明晰了生命的全程观、整全观。在她看来，当代中国人因物质和整体生活条件的改善，人的自然生命在个体和大数据意义上得到了较之以往任何时期都更为充分的展开，这让人加深了对自然生命的全程性认识。人更珍惜生命的存在、身体的保健和疾病的治疗，健康地活着是人生幸福的基本条件，它处于社会和个体的自我意识的基础性地位。在此基础上，她进一步强调："生命全程性认识的更新，还表现为人生各阶段的独特性和关联性的观念之形成。"③

她分析了从民国时期"青年的发现"到当代的"儿童的发现"，认为这体现了在生命全程中定位儿童地位及其重要性的变化。而特别值得重视的，是她对中青年和老年期的再次论述。

在她看来，"当代个体生命观中，把中青年在人生中的独特性定位于：在承担各种责任的同时，要在职业生涯中不断充实和完善自我的社会顺应力、

---

① ② 叶澜.杂读有悟［M］//叶澜.俯仰间会悟：叶澜随笔读思录.北京：中国人民大学出版社，2019：142.
③ 叶澜.溯源开来：寻回现代教育丢失的自然之维——《回归突破："生命·实践"教育学论纲》续研究之二（下编）［J］.中国教育科学，2020（2）：22.

创造力，自尊、自信和继续实现学习与成长。这远不同于以往认为人的智力、个性到18岁以后不会再有大的发展可能之观念"。这已经继续强化"终身发展"的立场，更体现出对中青年人发展基础与发展资源的认识和理解，也不断强化"不断充实和完善自我的社会顺应力、创造力，自尊、自信和继续实现学习与成长"的内涵。她还继续将中青年阶段的发展与之后的老年期联系起来，认为"中青年是人生中经风雨、见世面，生命河道曲折前行，气象不断开阔的过程，它与人进入老年阶段能否有高质量的生命直接相关"[①]。

针对老年期，她认为不能再简单地将老年期与衰弱、生命的终点、死亡相连；结合人口老龄化的背景，尊重人的自然寿命延长的现实，她提出两大核心观点，认为"当今人们逐渐形成了老年期要从容、丰富度过的认识"。在她看来，"所谓丰富，一是满足自己因昔日忙碌而久未满足的兴趣爱好，弥补遗憾；二是丰富自己的日常生活，注意健康，进行合适的体育运动，提高生活质量，提升自己对生活美的体验，参与一些文化娱乐活动，使身心的需要都得到满足；三是学习有必要和有可能学习的新知识、新技能，以达到在信息时代至少不会有很强的被时代丢弃感，老年人若能自如地运用新知识、新技能，则能帮助实现生活中的自主自由；四是有时间回顾、总结人生，除形成更完整的自我以外，还能提炼出一些有益的经验，供下一代学习。所谓从容，主要是从容面对子孙等后代生命过程中出现的新状态和两代人关系的变化；面对自己的衰老与疾病，面对死亡、与亲朋好友的永远告别，给自己一个完美的人生。为此，老年期的生命依然在展开，依然要用学习来支持生命最后阶段的完成"[②]。这里的表达，清晰、坚定，非常值得注意的，是依旧散发着对人性力量、人的自由自主的高度重视，表达着对人人生活之美好内涵的肯定。她进一步强调："生命整全性是指每一个个体的生命

[①] 叶澜.溯源开来：寻回现代教育丢失的自然之维——《回归突破："生命·实践"教育学论纲》续研究之二（下编）[J].中国教育科学，2020（2）：21.

[②] 同①：3-29.

都是一个完整的个体，生命各方面有密切的内在关联，包括身与心、感性与理性、德性与智慧、思想与行为、个性与社会性，都重要且需要实现内在平衡，呈现个体独特的整体性。只有充分、多方面得到发展的个体，才能构成富有内在生长和创造力的社会共同体，才能不断实现人类及其社会的完善与多元互动、精彩纷呈的和谐发展。"①

上述内容，不仅仅呈现了清晰的人的终身发展观，而且有着内在稳定的人性观；叶澜对于每阶段人的学习与发展的讨论，也将直接启示终身教育不同阶段的教育变革；她对于不同阶段衔接、转化的认识，也将启示终身教育体系内的有机衔接关系的建立。

（二）终身发展视野下人的发展的内动力

人的主动性作为教育学中人性观的基本构成，直接支撑起各类型的教育理论与实践。不仅在正常情境中，即便是在抗击新冠疫情的特殊背景下，也有着如何认识人的主动性的问题。例如，联合国秘书长古特雷斯就强调："不要忽视老年群体，不要认为老年群体毫无能力。许多老年人依靠收入生活，全方位地参加就业、家庭生活、教育、学习，以及照料他人等工作，他们的意见和领导力同样非常关键。"他强调："不要忽视老年人，不要将老年人视为没有能力的群体。必须认识到老年人的丰富经验，以及对于战胜这场危机所做出的多方面贡献。必须支持老年人的主观能动性，确保他们对于抗疫行动的参与。必须充分运用知识和数据，分享最佳做法，扩大老年人对疫情应对及社会恢复工作的参与。"②古特雷斯的号召，给我们终身教育研究者以启示。上述思想放在老年教育、成人教育领域，都有着重要的启发意义。

---

① 叶澜. 溯源开来：寻回现代教育丢失的自然之维——《回归突破："生命·实践"教育学论纲》续研究之二（下编）[J]. 中国教育科学，2020（2）：3-29.
② 抗击新冠疫情不能"牺牲"老年人 [EB/OL]. [2020-10-01]. https：//news.un.org/zh/story/2020/05/1056422.

叶澜对教育与人的发展的内动力、对于人的发展的主动性问题,关注了几十年,获得了丰硕的研究成果。

基于对前期研究状态的批判性思考,她指出:"它忽视人作为有意识的主体在与环境相互作用中的能动性,忽视人在发展过程中积累形成的经验、价值取向和自我意识对自身发展同样是一个重要的因素,忽视人的潜在发展可能性较之任何其他生命的丰富与强大,忽视促进可能性向现实发展转化的关键因素是个体自身的实践。"[1]

这一系列的批判性思考,一系列的"忽视",事实上已经呈现出新的视域和思想,主要体现在以下几个方面。

一是对教育学视角的强化。

在叶澜看来,"教育学要研究个体的发展与形成问题"[2]。这已经从静态的理解进入动态的研究,直接与教育实践活动相沟通,直接服务于人的发展。"为此,不仅要把握人的一般整体性特征,而且要把握人生全程中各阶段的整体性特征,以及发展过程的连续性与非连续性"[3]。这一观点在全球经历新冠疫情的背景下,在个人的纷繁复杂的发展过程中,可谓有着先见之明。她指出:"更为特殊的是,教育学应研究在各种教育活动中的人之发展问题,揭示教育与人的发展之间的规律性联系,阐明教育在影响人发展中的特殊任务以及与其他影响人发展因素的相互关系,进而提出教育如何有效地促进个体发展的观点。"[4]

二是对人的主动性的理解与追求。

人的发展所具有的无限丰富性,在叶澜的研究中,是被认可的,因此,她分析了影响个体发展的可能性因素,比较突出的是她提出的"二层次三因素"理论。她所依据的思想基础,体现着鲜明的教育学特征。例如,要突出

---

[1] 叶澜.从"冬虫"到"夏草":"生命·实践"教育学派生成过程的个人式回望[M]//叶澜.方圆内论道:叶澜教育论文选.北京:中国人民大学出版社,2019:13.
[2][3][4] 叶澜.教育概论[M].北京:人民教育出版社,2006:184.

人的发展的动态变化过程，要尊重作为发展主体的"人"，因此，个体发展的先天因素有不可忽视的意义。影响人的发展的环境因素同样重要，但"要注意环境因素与发展个体自身因素变化的相互关系"①。这也进一步呼应着她对于人的发展的后天因素的判断，即"当人的发展水平达到具有较清晰的自我意识和达到自我控制的水平时，人能有目的地、自觉地影响自己的发展"②。在她看来，"主体因素为每个人的发展提供了多种可能性，并赋予人在一定条件下自塑人生的可能"③。

熟读叶澜的著作我们可以发现，对这一观点，她坚持了几十年，具体化为对学生、教师、校长发展的理解，对不同时代境遇下人的思维方式和精神状态的判断。

当叶澜进一步研究学生的自我教育主题时，进一步进入到基础教育阶段的学校综合变革研究中，乃至于深入研究课堂教学、班级建设时，无不体现着这一思想，并使其具体化，融入相关领域的变革研究中。她不仅仅在实践改革的意义上奠定了这一思想基础，而且在终身发展的意义上，突出了当前基础教育阶段培养人的重要取向，即"（学校教育的）主导作用的深层含义在于学校基于应为人终身的发展奠定坚实的基础，为离开学校后个体的继续发展创造条件"④。基于这一思想，她坚定地强调："学校教育在影响人的发展方面，应把培养受教育者的自我教育和自我控制能力以及识别、控制、利用环境的能力作为根本性任务，并贯彻到教育的一切阶段和一切活动中去。这是从最本质意义上保证了教育对人的主导作用。"⑤这里的表达不可谓不坚定，不可谓不明晰。而以"最本质意义"这样的语言来强调，更能凸显这一思想的重大意义。

---

① 叶澜.教育概论[M].北京：人民教育出版社，2006：225.
② 同①：217.
③ 同①：220.
④ 同①：237.
⑤ 同①：238.

当叶澜在20世纪90年代及21世纪面对更广泛的教师发展、校长发展研究，也就是成人教育研究领域的主题时，她无数次地强调人的主动性、人作为主体的力量，从思想方式、行为方式、思想观念等方面突出人与外部环境交互作用过程中的主动性与创造空间，无不与源自《教育概论》的思想相通。

当叶澜以"信条"的方式进一步概括时，她写道："'生命自觉'主要包括：热爱生命和生活，悦纳自我，具有积极、自信的人生态度；具有反思自我，在人生中不断实现自我超越的信念和能力；具有策划人生、主动把握时机、掌握自我命运的智慧。'生命自觉'是教育最高境界的追求。'自知者明，自胜者强'。"①

这一表达，进一步呈现了其对人的生命性的理解，是在回归人性立场后的清晰表达。无论是针对处于何种发展阶段的人，终身教育都需要秉持这样的人性观，需要形成这样的价值取向。更难得的是，叶澜所持续开展的学校综合改革实验，历经近30年，就是在这样的人性观基础上展开的。

三是对人的实践的高度重视。

几乎没有教育研究者和工作者会否认教育要促进人的发展这一点，但是，如何通过教育来实现人的发展，不同的人会有不同的理解。在当前终身教育实践中，有的是通过授课的方式，有的是强调体验的价值，有的是突出学习团队的力量。叶澜高度推崇综合性的实践的力量，反对机械、单一的学习方式，反对缺乏学生、学员之主动参与的知识传递和技能训练。

在叶澜看来，"个体发展从潜在的多种可能状态向现实发展的转化，个体与环境两种不同性质的因素真实发生相互作用，人对外界存在的摄取吸收（无论是精神性的还是物质性的），都要通过发展个体的不同性质、不同水平的生命活动来实现。这些不同性质、不同水平的生命活动就是我们所称的使个体发展得以实现的'现实性因素'"②。

---

① 叶澜."生命·实践"教育的信条[N].光明日报，2017-02-21(13).
② 叶澜.教育概论[M].北京：人民教育出版社，2006：226.

这一重要的思想，引导我们研究终身教育及其各阶段各类型的教育时，务必关注最真实的教育活动，避免以决策者、教育者的理解、判断来取代对综合、真实、复杂的终身教育活动的理解、研究、创新。也因此，当前老年教育、社区教育等领域的探索，就非常需要被纳入内核性的教育过程研究，着力于学习者真实的实践质量与发展水平。她认为，"社会实践活动是人之生命活动的最高、也最富有综合性的活动"[①]。而这，可以为成人教育、老年教育的发展提供重要的思想基础，因为这些领域中的教育内容、教育方法、教育评价更具有综合的社会实践活动特征。

对于成人教育、老年教育等需要继续深入发展的阶段研究，乃至于基础教育和高等教育阶段研究，都需要建立起清晰的质量观，认识其质量差异，寻找在差异中继续发展的可能性。所能做出判断的依据之一，就在于叶澜所明确的内容："活动是人发展中的决定因素，但影响的大小却是随活动本身的质量与数量，目标与主体发展水平的相差度，主体在活动中的自主性及其活动的成效等方面变化而变化的。"[②] 也因此，对于不同阶段不同类型教育的理解、判断、探索，要以这一差异性视角，探求多种质量提升路径。

总之，终身教育研究要对终身学习者真实投入其中的活动进行研究；对终身教育发展的理解和判断，要回归到对终身教育活动的理解和判断上；中国终身教育的发展，也需要以此为内涵，实现有内核的可持续发展。

（三）教育中的具体个人观与教育中的互动性

1. 具体个人

正是从教育基本理论的视角出发，结合对教育发展中的问题分析，叶澜明确地倡导"具体个人"观。她认为，"具体个人"作为教育学的一个基础

---

① 叶澜.教育概论［M］.北京：人民教育出版社，2006：228.

② 同①：234.

性观念,至少意味着我们对"人"的认识要发生一系列变化:

> 要承认人的生命是在具体个人中存活、生长、发展的;每一个具体个人都是不可分割的有机整体;个体生命是以整体的方式存活在环境中,并在与环境一日不可中断的相互作用和相互构成中生存与发展;具体个人的生命价值只有在各种生命经历中,通过主观努力、奋斗、反思、学习和不断超越自我,才能创建和实现,离开了对具体个人生命经历的关注和提升,就很难认识个人的成长和发展;具体个人是既有唯一性、独特性,又在其中体现着人之普遍性、共通性的个人,是个性与群性具体统一的个人……①

叶澜丰富、多元地阐述了教育学家和教育工作者应该建立、形成和表达的对"人"的认识。上述观点对于终身教育研究非常重要。在终身教育实践中,教育工作者必须面对一个个具体的人;在政策制定时,必须以人为中心,确保政策目标人性化;在理论研究时,要自觉将各层次的研究成果与人联系起来,将终身教育研究稳定在"人学"水平上并继续发展。

另外,朗格朗倡导这样的观点和思想方法,从一个侧面可以反映其重要性。结合终身教育研究与实践,这是为适合每个人、发展每个人的终身教育提供了理论基础,也直接指导着终身教育实践的发展。

2. 人的差异性

在教育实践中,会出现千差万别但也有着内在相通性的学生。在叶澜看来,"每个学生都有独特性,都应得到尊重,对他们的发展有基本要求,但不能用一把尺子量。学生群体会有共同的需要,但差异始终存在。差异

---

① 叶澜.教育创新呼唤"具体个人"意识[M]//叶澜.俯仰间会悟:叶澜随笔读思录.北京:中国人民大学出版社,2019:117.

是教育活动的资源,不是必须消灭的'敌人'。学生的差异化发展是教育之常态。教师从容面对差异,才能让差异成为学生互教互学、共同进步的资源"[①]。

这不仅对于基础教育阶段的教育教学改革有直接的指导意义,而且,对于我们认识代际之间学生、学员的互动关系,对于形成对成人教育、老年教育之教育教学过程的深度研究,有着非常积极的意义。在笔者与合作者开展的各类研究中,都高度关注差异资源,促成人与人之间的互相学习,其理论基础就在于此。而在信息技术充分介入终身教育实践的背景下,如何保持对人与人之间富有人性温度和人文气息的互动关系,如何关怀具体的人的生命成长,需要不断加强研究、增强意识、提升能力。

3. 教育中的互动性

在上述讨论中,叶澜事实上已经从人与外部环境互动的意义上,呈现出人的发展的特殊性。

叶澜明确指出:"教育作为活动构成的基本要素是教育者与学习者。当二者合而为一时,可称'自我教育',作为教育的一种特殊形态,它是教育成效和受教育者成长的表现。学习是教育活动的必要构成,当学习成为完全个人式的实践探索时,即不需要教师也不需要他人或其他有经验者时,学习就成为个人意义上的探究与创造活动,溢出了教学范畴,更溢出教育范畴。必须注意到的是,所有的学习总是或多或少地从教育开始,人类文化对于个体而言更不是遗传所得。因此,尤其是今日世界,因信息技术的发展,更有人提出人机学习可以'学习'取代'教育',未来时代是学习时代等时髦口号,在此背景下,特别要注意区分'教育'与'学习'两个范畴。尽管这是一个颇有蛊惑性的'取代',它似乎迎来了儿童更大的解放,然而却是一个

[①] 叶澜."生命·实践"教育的信条[N].光明日报,2017-02-21(13).

不可能也不正确的取代。"①

这一观念在当前终身教育持续发展、信息化与教育的关系存在争议的背景下,有着特殊的意义。当前有关"终身教育""终身学习"两个概念孰优孰劣的比较,似乎还在进行,认为"终身学习"概念"优"于"终身教育"、"终身教育"要为"终身学习"所替代的人,也不在少数。与之类似的,当前,还有"终身教育体系""服务全民终身学习的教育体系""终身学习体系"等表达,也被一些学者所关注。在教育学研究的意义上,重新厘清上述概念、话语间的差异,形成合理的教育话语体系,已经成为当务之急。而且,在实践领域,在线课程不仅在基础教育阶段,而且在老年教育、社区教育领域被大量开发,也在高等继续教育研究领域形成了基于互联网的教学与管理形态,甚至形成区域性的联合体,这些都在一定意义上推动了终身教育的发展。但是,要基于"教育性"来探讨师生互动,保持对"教育"与"学习"的差异的关注,深入"教育学"立场下的教育实践,还需要更充分、更深入的研究。

三、对当前终身教育改革与发展的启示

叶澜对于人的发展终身性和内动力的研究,对于终身教育及其每一具体阶段的研究,都具有启发性,其对人的主动性的高度肯定和信任,给各阶段、各类型的教育发展提供了坚定的理性力量和情感支持。结合当前终身教育发展的现状,我们可以继续阐述相关思想在终身教育研究领域的意义。

(一)凸显具体个人,关注"每个人"

党的十九届四中全会明确提出"构建服务全民终身学习的教育体系",要求"加快发展面向每个人、适合每个人、更加开放灵活的教育体系,建设

---

① 叶澜. 转化融通在合作研究中生成——四论教育理论与教育实践的关系[J]. 教育研究,2021(1):49.

学习型社会"。这一政策目标直接影响着中国当下终身教育的发展。

而当我们将"人"具体化,就会出现"具体个人""每个人"。那么,在中国,就有14亿的"每个人"!这也就意味着,学习型社会的建设,要考虑到14亿"每个人"的学习需求、学习基础、学习能力、学习收获。试想,这该是多么复杂的巨系统!14亿的"每个人"的存在,将带给学习型社会建设极大的困扰,还是会促成学习型社会建设工作的升级或品质的提升?尽管"每个人"视点的出现会极大增强学习型社会建设的复杂性,但这何尝不是学习型社会建设更为生动和丰富、更富人性温情与力量的表达。

1. "每个人"是终身教育、学习型社会的受益主体,更是建设主体

一所老年大学服务几百、上千人,一所开放大学辐射几万、几十万人;如果把学习型社会建设作为一个研究单元,它要服务的是14亿"每个人"。请问,谁有这样的能力去建设它?只有"每个人"都参与其中、成为建设的主体,其才能实现。

如果我们将"人"仅仅视为被服务的对象,则学习型社会的建设、教育体系的构建,就变成了少数人思考、研究、操心、投入的事了。这不仅不可能,而且也违背了学习型社会建设的价值取向。

每个人都是学习型社会建设的主体。孩子是学习的主体,没有孩子的主动参与,就没有高品质的幼儿教育、基础教育;老人是学习的主体,没有老人的主动投入,老年大学的品质不可能得到保障;家长是学习的主体,没有家长的主动学习,就没有完整的家庭教育。教育是人与人之间的交往,是基于人的主动学习而实现的。

如此思考,在现有的教育体系中,首要的任务在于促进"每个人"成为他已经身在其中的教育机构、教育系统的主人。否则,我们建了更多的学校或公共教育机构,形成了更多样的教育形态,却会丢失掉学习型社会的核心力量与价值基础。在多代人投入其中所建成的当前公共教育体系内,形成高

品质的教育内涵,让每个人在现有的教育体系中增强主体力量、成为学习主人、唤醒学习自觉、锻炼学习能力,就是当务之急。

在现有公共教育体系之外,学习型社会需要完善什么?需要补充什么?需要发展些怎样的新形态、新结构?如何发现可能性?如何发展?无疑,政府部门需要决策,社会组织需要介入;但是,如果发动"每个人"的力量,则更能实现这一目标——老人们创造自己喜欢的学习形态,家长们在与孩子的互动中学习做家长,企业员工在工作场所中学习,经济社会发展不断创生更多的学习或教育资源。总之,来自14亿"每个人"的创造性是无穷的。这样,从学习型社会建设的视角出发,政策制定者、理论研究者和终身教育体系建设者需要密切关注来自"每个人"的学习需求,尤其是其创造性、自主性等,关注因每个人的投入而生成的基层智慧,进而不断实现"组织化",推动"系统集成",发展"学习文化",促成学习型社会建设的系统更新。

这自然不意味着不同主体在不同时空、系统中的作用是均等的,也不意味着政府决策、区域创新是不需要的,而是意味着要以复杂系统的定位来认识学习型社会,以复杂思维开展学习型社会建设,否则,建设的过程就可能是反教育的、非学习型的。

当前要高度警惕忽视人的主体性、漠视每位学习者可以成为学习型社会建设主体的意识;要全力探索如何发现、组织、生成14亿"每个人"的智慧与情感的超级复杂系统的运行方式。也因此,重新研究14亿人的终身学习,认真思考"服务全民终身学习"的"教育体系"的特征、结构、内容,就会成为另一个挑战。

2. "每个人"是终身教育、学习型社会的学习主体,更是共学互学主体

"每个人"并非散沙一盘,而是因为有机的联系而相互沟通、衔接、联合,成为"每群人",每个人因此而得以进入共同体中。此时,最忌讳的是

点状思维，不能硬生生地将"每个人"孤立于"每个人"。这意味着在学习型社会建设中，每一阶段、每一类型的教育或学习形态都要考虑合作学习、项目学习等合作形态，充分尊重人的学习的社会性。

目前，在基础教育领域集中开展教育教学方式的改进，或学生学习方式的变革，培养学生应对新时代各类复杂问题的意识和能力，因此，生生互动、师生合作、小组学习等将逐步成为常态。在社区教育、老年教育等领域，也同样有着合作学习的基础，也非常需要促成多类型的学习群体、学习团队的建设，形成共同学习，并不断增强学习辐射力的状态。

这还意味着要通过人与人的联系、互动，融通不同的教育结构、教育形态。一个完整的教育体系一定需要有区分，不同教育阶段、教育内容、教育单位之间需要有界限；但是，一旦因为清晰而分割开来，就会极大影响"每个人"的学习质量。"人们不仅不能把部分孤立于整体，而且也不能使各个部分互相孤立。"[①]建设学习型社会的整体，不仅学校教育系统需要实现各级各类教育的融通，而且还需要加强学校教育与家庭教育、社区教育的积极互动。此时，身处不同教育类型或阶段的"每个人"，应该通过家庭、社区、学校间的合作以及个人的交往等，形成无数大大小小的"学习共同体""学习团队"。这样，每个人通过时空的转换，通过人际交往，就会共享特定的学习资源，传递学习能量。

而每一位教育工作者，无论是小学教师还是老年大学教师，都需要极大增强这一意识。教师不能把学生、学员视为单子式的个体，而要清晰地意识到他们是有自己的交往世界的人，是可能领导另一个学习团队的人，从而通过每一个具体的教育活动，促成以"每个人"为新起点的"教育辐射""教育连锁"，甚至是新的"教育发生"。

这更意味着创造一种学习的文化，"每个人"都在各种生活情境中学会

---

① 埃德加·莫兰.复杂性理论与教育问题[M].陈一壮，译.北京：北京大学出版社，2004：26.

学习。此时，他人对于"我"来说，就是学习对象、学习资源、学习伙伴，"共学互学"应该是学习型社会的基本学习形态。在2020年春的疫情防控中，我们就在项目研究中推动形成了跨省市的教师、校长、教研员、局长之间的共学互学，形成了基于家庭的隔代共学互学，促进了疫情防控与深刻的教育思考和创造性的教育实践的水乳交融。因此，结合"每个人"的学习主动性、创造性，一个好的学习型社会，不仅提供了各类资源——事实上资源无处不在，需要研究的是资源类型的不断完善和品质的不断提高问题；不仅形成了立体而灵活的结构——这也是多年以来中国教育工作者在努力的；而且事实上培养出了这样的人——他就在学习，无论何时、何地、针对什么、通过什么，而且越来越多的人在学习，乃至于14亿的"每个人"在学习。

3. "每个人"在终身教育、学习型社会中学习，更在创造"每个人"的甚至是"人"的生活世界

当我们清晰了"每个人"学习的自主性、社会性，还需要增强生活意识，终身学习"本质上更是学习与生活的整合"[①]。我们需要将学习型社会建设与每个人的美好生活的创造，与丰富和发展人性，与人类命运共同体建设结合起来。

教育原本就源自生活、通过生活、为了生活，尤其是学习型社会建设归根到底是服务于人的美好生活需要。人的物质生活、精神生活的发展，人身处于其中的政治、经济、社会、文化、生态，人所处的具体时间、空间，人所从事的每一项工作、每一类劳动、每一种实践，都在创造"每个人"独一无二的生活。因此，指向于为"每个人"的幸福生活而服务，是学习型社会建设的方向。各类学习型社会的利益相关者，自己也是其中的"每个人"，也需要尊重、关怀、造福于"每个人"。也因此，在具体实践中，知行合

---

① 朱敏.包容是终身学习与可持续城市发展的基本原则——第四届国际学习型城市大会成果《麦德林宣言》解读[J].终身教育研究，2019，30（6）：7.

一、情理相融、学用结合,需要成为具体教育教学方式改进的核心内容。

中国的学习型社会建设,何尝不是全球教育治理、世界可持续发展、人类命运共同体建设的一部分。在终身教育与学习型社会建设研究即将进入21世纪第三个十年之际,特别是在联合国2030可持续发展议程的背景下,中国以14亿的"每个人",为世界贡献巨量的"每个人"的学习与发展经验,以14亿的"每个人"的学习与发展而为"人类""地球""繁荣""和平"和"伙伴关系"做出贡献,也为以"十亿"为单位的教育体系完善、教育治理、学习型世界发展提供直接经验。

无穷的学习形态、不断开展的学习过程、逐步完善的学习型社会,也在贡献于人性的丰富与发展。通过学习的方式,在学习型社会建设中,我们发现了人性中求真、向善、向美的力量,我们强化了人的自我完善的力量——无论是个体式的,还是群体式的或族群式的;我们也不断实现人与自然、人与世界更和谐交往中的人的自我觉醒、人的使命感的自觉。在此,"学会生存"的主题需要再次被强调。如富尔所言:"这个时代,即所谓有限世界的时代,只能是一个属于全体人的时代,即人人在内的全人类的时代。"[①]14亿的"每个人"在以自己的学习、生活、创造,丰富人性的内涵,增强人性的力量。

(二)基于人的差异性,形成"共学互学"的主体间关系形态[②]

人是千差万别的,因而需要因材施教,更需要共学互学。

1. 具体教育时段中主体间的关系重建

基础教育、高等教育、成人教育等均属于具体教育时段内的产物。本文以社区学校和老年大学为例,阐述和分析人的主体关系。由于成人学习、老

---

① 富尔.序言[M]//联合国教科文组织国际教育发展委员会.学会生存——教育世界的今天和明天.华东师范大学比较教育研究所,译.北京:教育科学出版社,1996:22.
② 华东师范大学教育学系博士生程豪参与了本部分内容的写作,特此致谢。

年学习存在生活导向、职业所需等特性，从事社区教育和老年教育的专、兼职教师真实的教育教学具有复杂性和挑战性。这种复杂性和挑战性是由成人教育、老年教育中的多元主体所决定，而且是不可避免的。这恰恰是终身教育的独特属性和魅力所在，是终身教育体系内主体间关系的真实、普遍的表达。因此，从事社区教育和老年教育的教师需要极大地增强自身作为"学生"的意识，以此来建立师生之间共学互学的和谐关系。

与此同时，在强调教师作为"教者"和"学者"的双重身份时，还需极大地鼓励"学生"不仅要"学"，而且也需努力地去"教"。在"学"的方面，不仅向教师学习，还要向同学学习；在"教"的方面，不仅"教"教师，还要"教"同学。由此，教育教学活动便会自然而然形成多主体共同存在的局面，进而产生诸多富有自组织特征的学习群体；而教师也会成为教育教学活动或学习群体中的成员。由此所形成的社区学校、老年大学的课堂、教室、班级、活动场所，就不可能是规整的，也不可能是划一的，而是呈现出动态生成、丰富多样的复杂状态。由此可见，在具体教育时段内，开发、挖掘和进一步发挥多主体之间的"教""学"功能的同时，也在无形之中塑造着相关主体及其间的新型关系。

2. 不同教育时段内主体间的关系重建

伴随着人的成长与发展过程，每一个体均将穿梭于各个时段的教育之中，不同的教育时段又会出现适合于不同教育的机构。例如小学、中学、大学等是以学历提升、知识获得和社会适应为目的的教育时段，社区教育、老年教育是以生活导向、职业发展、精神满足为宗旨的教育时段。在这里，我们以基础教育领域内的小学同继续教育领域内的老年大学为分析对象，基于对这两个时段内教育活动的经验总结，老年大学往往只服务于老年人的学习和发展，小学则只关注小学生的学习与成长。那么，基于不同教育时段内主体间关系的理解和思考，小学和老年大学作为不同教育时段，其间会存在合作发展的可能吗？其所要实现合作的需求和出发点源自何处？

如要回答上述问题，需对小学教育和老年大学教育时段内的主体进行分析。一般而言，从家庭内部的主体关系来看，老人和小学生会形成一种祖孙关系，以血缘、抚养的方式建立起各种联系；从家庭外部的主体关系来看，其依然构成隔代关系，以社会交往的方式建立诸多关系。这些关系，可表现为抚养、帮助，也可体现为"教者"和"学者"的身份。如若不重视不同教育时段内主体间的共学互学，这一由血缘或社会性的关系而形成的教育或学习资源则会被浪费、无视；反之，将老年学员请进小学，把小学生引入老年大学，使之建立起共学互学的特殊关系，则完全有可能形成一种全新的关系形态。这样的探索，其目的就是要恢复不同教育时段内的人与人之间的共学互学关系，从而创生出新的教育形态，体现终身教育、隔代教育与学习的独特性。

3. 不同教育类型主体间的关系重建

如张世英所言："整个宇宙，包括自然、人类社会和人的精神意识领域，是一个普遍联系之网，宇宙间任何一个事物，任何一个现象，都是网上的纽结或者说交叉点，每一个交叉点都同宇宙间其他交叉点有着或近或远、或直接或间接的联系，这些联系既包括空间上的，也包括时间上的，宇宙间除了时间上和空间上的现实世界外再也没有什么超时空的、超验的东西躲藏在现实世界背后。"[1] 显然，在这个世界网络中，每一节点均蕴藏着无限的丰富性。"每一物、每一人、每一部分，每一句话，每一交叉点都是一个全宇宙，但又各有其个性，因为各自表现了不同的相互作用、相互影响的方式，或者说，各以不同的方式反映了唯一的全宇宙。"[2] 显然，这是以统一性和整体性的思维方式对人、自然、社会、宇宙等予以审视，旨在建构起不同类型的物质、组织等之间的链接和关系。

---

[1] 张世英.天人之际——中西哲学的困惑与选择[M].北京：人民出版社，1995：266.
[2] 张世英.进入澄明之境[M].北京：商务印书馆，1999：41.

以此思维方式为基础，或许能够为探讨不同教育类型主体间的关系重建提供思考。我们依然可以以有明晰边界的老年大学和社区学校作为分析对象。首先可以提出的是，老年大学和社区学校可否与家庭教育、社区生活、中小学教育改革形成有机的联动。2015年，联合国教科文组织发布了《反思教育：向"全球共同利益"的理念转变？》的报告，强调"我们生活在一个联通的世界里"。据此，我们坚信我们的回答是肯定的，是完全可能而且必要的。因为，老年大学和社区学校的学员，均不是生活在真空中，而是以家庭成员的身份生活在家庭内部，不仅有着自己的家族关系，更有着与社区等的社会关系。如此，这就意味着，通过发挥不同教育类型及多元主体之间的主观能动性，是完全可以将不同类型教育的主体予以联系，形成"共学互学"的全新格局。

总之，在对终身教育的基本内涵、相关理念与实践探索的理解上，我们认为人是终身教育的核心，人的主体间关系是终身教育体系建设的微观基础，是构成终身教育网络的核心细胞。终身教育体系中的主体间关系，不应表现为当下由各种因素而造成的割裂关系，而应体现为一种由共学互学带来的多元、动态、生成的复杂性关系。

（三）在创造性的终身教育实践中丰富和发展人的终身发展理论

终身教育的实践在持续发展，理论研究者的研究，则更需要关注对人的研究。叶澜的研究方法论，对于深化终身教育中的人的发展研究，有着多元的启示。作为一个人口大国，在经济社会快速发展的背景下，中国终身教育的实践探索具有特殊性，基于实践的理论研究，也有着融入国际终身教育研究、做出独特贡献的现实性。因此，无论是基础教育、高等教育，还是成人教育、老年教育等，都值得不断追求知识创生、实践发展和政策更新。

以下进一步以具有充分的中国文化根基且呼应国际上很受重视的代际学习为例，阐述笔者和合作者一起开展的有关隔代教育的实验性研究。

1. 隔代互学研究的缘起

将老人视为学习的对象，建立起小学生向老人学习的关系，源自上海市闵行区汽轮小学的一次研究。研究的场景是全国普遍存在、大量开展着的学生去敬老院、养老院献爱心活动。

这样的活动传统现在依然大量存在着，开展的方式是孩子们带着送给老人们的礼物到敬老院等机构，同时为老人们表演节目，帮助老人们做一些生活方面的护理，陪老人说说话、聊聊天，以此表达对老人的尊重。从学生的角度出发，这是"献爱心"；从老人的角度看，这大概就是"接受"孩子们的爱心吧。

案例班级的班主任，就在2006年12月开展了这样的一个活动。而我们在共同研讨中，明确提出，这对于孩子来说，价值并没有想象中那么高，因为孩子只是给予者，而自己并没有太多实质性的发展。

于是，我们和班主任一起设计了第二个、第三个活动，鼓励、指导孩子们去做调查，了解敬老院的老人们身上有哪些值得学习的资源。这是从学生角度出发，探讨促进学生发展的方法，并努力追求让孩子受益的目标。

而正是通过这一调查，教师和学生发现这家敬老院的老人身上的历史、人文资源非常丰富，由此，一个向老人学习的活动全面开展起来。之后的一节主题班会，系统呈现了孩子们的学习收获。

这一经典案例，一直是我们项目研究中说明如何增强资源意识、如何促成学生发展的例子，其中将老人视为拥有丰富育人资源的主体，将学生视为需要向老人学习的主体。如果我们在相关活动中尽可能地渗透向老人学习的意识，便会让更多孩子受益，并形成文化传承、终身学习的意识，会让更多老人更有尊严、更享受隔代交往。

2. 隔代互学研究在寒暑假期间的拓展

上述工作是在学期中针对小学和敬老院的关系而积累的案例。自从我们开展寒暑假研究以后,开始发现寒暑假这个独特的时段很少有人集中研究。但这个时间段影响到全国学生每年至少三个月的生活、学习质量。如果把和孩子的寒暑假生活直接相关的父母、老人、相关社会人士统计进去,其影响更是超级大的。

正是着眼于这一价值,我们自2015年暑假开始研究,持续至今。研究的对象不仅是学生,还是自项目开始阶段就一直倡导的学生、家长、教师"三力驱动、三环交融"。

寒暑假研究持续开展,在2017年,上海嘉定区民办桃苑小学的陶菊老师,就为我们带来了一个全新的案例。[①]这个案例是针对孩子与家里老人的关系而开展的。在之前的暑假,就有很多孩子被送回家乡,祖辈和孙辈因此会有较多的时间共同生活。而陶老师这次实践的特殊性,就是鼓励孩子向老人学习。于是,整个暑假,各种手工艺学习就陆续开展了。祖辈不再仅仅是孙辈的长辈,而是慢慢变成孩子们的老师。

这一研究和汽轮小学的案例相比,有很多不同:一是发生在暑假里,二是发生在学生自己的家里,三是学习的内容偏重生活和地方文化。但同时,思路又是一致的,都是强调向老人学习,而不是嫌弃老人远离了时代,或仅仅将老人视为孙辈的生活照料者。

这一研究形成了以家庭为单位的祖辈与孙辈的学习关系,而全国更多的老人,是以"居家养老"为主的,在寒暑假期间,隔代生活更是常态。据《国务院办公厅关于推进养老服务发展的意见》,我国对于养老服务发展的总体要求包括:"按照2019年政府工作报告对养老服务工作的部署,为打通'堵点',消除'痛点',破除发展障碍,健全市场机制,持续完善居家为基础、社区为依托、机构为补充、医养相结合的养老服务体系,建立健全高龄、失能老年人长期照护服务体系,强化信用为核心、质量为保障、放权与监管并重的服

[①] 陶菊.如何让"奶奶团"在农民工子女返乡教育中绽放光彩? [J].中小学班主任,2018（2）:42-44.

务管理体系,大力推动养老服务供给结构不断优化、社会有效投资明显扩大、养老服务质量持续改善、养老服务消费潜力充分释放,确保到2022年在保障人人享有基本养老服务的基础上,有效满足老年人多样化、多层次养老服务需求,老年人及其子女获得感、幸福感、安全感显著提高。"①结合上述内容可以发现,充分重视"居家为基础",全力探索如何实现"老年人及其子女获得感、幸福感、安全感显著提高",陶老师的探索具有重大的意义。

3. 互动生成式隔代互学思路与实践的稳定与深化

上述阶段的研究,已经将思想理念稳定下来,在时空上也有了一定的拓展,而核心是改变传统思路,建构学生向老人学习的新关系。但真正明确提出双向学习关系的,是在2018年的暑假研究中,在常州市钟楼区花园小学形成的。

因为之前与花园小学有持续的合作,在思想理念的沟通上非常容易,而且该学校的教师们也极具创造性。当笔者在2018年6月参加当年的暑假研究启动、准备会议时,周琪老师带的两个毕业班学生的发言,让我惊喜不已,因为就在这个班级中,在周老师的领导下,在孩子们的自主参与中,隔代互学的思路已经完全形成。两个孩子分别介绍了前期是如何开展调研的,并特别介绍了本次暑假的设想,其中就包括孩子要教会老人什么、孩子要向老人学会什么。例如,在"孩子要教会老人什么"环节中,两个孩子就提到可以教会老人使用聊天软件、电子地图等。

在这一阶段的研究中,实践的发展将"隔代互学"的思路完全体现出来,而且是来自学生、教师、家长的共同创造。

2018年重阳节前后,笔者在深圳"新基础教育"的合作研究学校继续开展研究,与合作的班主任一起探索各类活动的开展。其中,光明实验学校的

---

① 国务院办公厅.关于推进养老服务发展的意见[EB/OL].[2020-03-01].http://www.gov.cn/zhengce/content/2019-04/16/content_5383270.htm.

卓苑芳老师开放了一节班会，呈现的是孩子们如何通过调研了解家里老人的过去生活。在活动中，有孩子说，通过调研，明白了为什么老人们一定要求自己不能剩饭，因为他们经历过饥饿；明白了为什么老人们舍不得丢弃家里的物品，因为他们经历过贫穷。我们在研究中一起探讨，聚焦老人与儿童的关系，提出要形成隔代之间"了解""理解""相处""相长"四层关系。①

通过这一阶段的探索，我们将新型隔代关系研究进一步体现在相关专题中。而且，在2018年12月至2019年3月，常州龙虎塘实验小学丁小明校长将此项研究推进到了一个全新的样态。

2018年年底，在常州市龙虎塘实验小学的项目启动会上，笔者介绍了花园小学在暑假所做的研究，建议在2019年寒假继续深入。丁校长一直在推动家庭三代人之间的交往，特别是与语文学科结合，通过读、写推动三代人之间的互动，但那时还没有明确使用"隔代互学"这一概念。正是在当年的寒假研究中，丁校长鼓励学生和祖辈签订互学协议，开展了丰富的隔代互学。②与之同时开展探索的，还有深圳光明区的林小燕老师。她以编织红围巾为纽带，推动祖辈和孙辈合作，产生了很好的效果。③

通过这样的努力，隔代共学互学的思路已经非常清晰，立场非常坚定，语言系统也正式形成。在终身教育、学习型社会建设的背景下，我们从促进两代人"学习"的立场出发，一致认为值得做这样的研发，并在最短的时间内形成了可推广的模型。2019年3月新学期开始后，常州市龙虎塘实验小学丁小明校长组织了隔代互学的校内展评互动，进一步扩大了该项目的影响力。而且，2019年6月1日又启动了非常富有创意的小学与老年学校的合作研究，促成了不同教育机构的老人与孩子的共学互学，形成了非常丰富、有

---

① 卓苑芳.在活动中重建祖孙关系——以传统节日活动为例[J].教育视界，2019(7)：36-38.
② 丁小明.创生互学共长的隔代教育新样态[J].教育视界，2019(7)：33-35.
③ 林小燕.以综合活动促进多主体的共学互学——以"你好，寒假！"项目的"红围巾"活动为例[J].教育视界，2019(7)：39-41.

质量的研究成果。

值得总结的是，该阶段的探索明确形成了基于家庭、基于中小学、基于老年教育机构等不同类型的隔代互学思路与实践，而且，通过我们的合作，研究已经进入到非常富有学术性的个案研究之中，形成了若干篇深度研究报告。

华东师范大学教育学系博士生吕珂漪、硕士生许滢、博士生程豪、上海终身教育研究院李家成教授合作在《国际教育评论》上发表《新冠疫情期间隔代学习的推进与成效：来自中国的证据》一文。

该文聚焦新冠疫情这一特殊时段，探讨中国的学校如何促进祖辈与孙辈之间的相互学习。文章指出，新冠疫情期间，由于孩子父母的复工，许多祖辈的职责不再局限于做家务、照顾孩子的基本需求，还包括监督孩子进行在线学习和提供相应的学业支持，这是一个能够促进两代人间彼此了解和相互学习的难得的契机。在此期间，上海终身教育研究院领衔来自中国6个地区的7所小学，开展了一项为期两个月的"祖辈与孙辈间的隔代学习"项目，基于对项目参与者（11名班主任教师、7名年龄范围在7—13岁的孩子、7名年龄在60—68岁的祖辈）的深度访谈，研究发现：通过参与此次项目，①祖辈和孙辈习得了健康知识、生活技能与价值观；②祖辈的学习观念和学习行为发生改变；③孙辈更加了解祖辈并形成终身学习的观念；④祖辈与孙辈间的关系更加紧密。

刊登该文的杂志《国际教育评论》属于联合国教科文组织终身学习研究所，由斯普林格出版社出版发行，是一本高质量的同行评议教育杂志，其在终身教育、成人教育、开放和远程教育、职业教育和工作场所学习等研究与实践领域具有广泛影响力。

在此之前，上海终身教育研究院已在隔代学习研究领域做了诸多探索。例如，《共学互学：论终身教育体系中的主体间关系》（李家成、程豪，发表于《终身教育研究》2020年第6期）一文从"互学互鉴"的角度反思了当下终身教育体系中割裂的主体间关系,并指出应当恢复不同教育时段、不同教育类型间的主体间共学互学关系,该文促进了隔代学习与终身教育领域的理论发展与思维转向。再如,《"跨域"学习可以促进小学生怎样的发展?》《隔代学习实现老人和儿童的共学互学》等系列研究报告(程豪、李家成、丁小明等,收录于《中国终身教育研究(第一辑)》),更是基于对一个具体的隔代学习项目试验——龙虎塘实验小学与河海老年大学的共学互学隔代学习项目实验(2019年1月—)——的过程投入与跟踪研究,深入地分析了隔代学习对不同主体的价值、隔代学习的实践模式等,具有一定的理论价值与开创意义。[①]

我们相信实践是理论创新的源头活水,更相信理论与实践可以共生互生,还相信中国的隔代互学研究,能参与到国际对话与交流中,为国际社会贡献中国智慧。

---

① 程豪,丁小明,李家成,等.隔代学习实现老人和儿童的共学互学——基于龙虎塘实验小学和河海老年学校的个案研究[M]//上海终身教育研究院.中国终身教育研究:第1辑.上海:上海交通大学出版社,2020:86-107.

第三章　事事皆可为学

> 不仅要强调"时时、处处、人人"可进行学习,还应增加"事事"两字。只有增强实践之"事事"具有教育和学习的意识,才可使终身教育不限于外在的机构、场馆、专门为之的教育与学习活动,而成为可渗透到人的日常生活之中,开发个人生命实践的学习教育潜力,增加层累式效应。[①]
>
> ——叶澜

2006年,上海市委、市政府印发《关于推进上海学习型社会建设的指导意见》,明确提出"到2010年年初步建成'人人皆学、时时能学、处处可学'的学习型社会框架"的总目标。在之后的终身教育研究领域中,"人人皆学、时时能学、处处可学"作为一个经典表达,被广泛纳入一系列的理论研究成果、实践发展和政策文本中。

叶澜赞成"人人、时时、处处"的表达维度,但多次且明确提出,不能缺失"事事"构成。

---

① 叶澜.溯源开来:寻回现代教育丢失的自然之维——《回归突破:"生命·实践"教育学论纲》续研究之二(下编)[J].中国教育科学,2020(2):26.

一、缺失的"事事"之维

提出一个观点、完善已有的认识系统，需要建立在对已有实践的清晰认识和相关理论的深度把握基础上。叶澜所提出的这一观点，有着对终身教育视界的深入理解，有着对人的发展的清晰认识，也有着对终身教育之教育性的突出强调。

（一）叶澜对终身教育所缺之维的发现

在2016年前后，叶澜明确、集中地讨论了终身教育的内涵、当代发展的问题与趋势等，明确建议要在"人人、时时、处处"之外，增加"事事"的维度。她在《终身教育视界》一文中，共四次明确使用"事事"的表达。她认为，就个体教育力而言，"它存在于个体参与的一切社会生活所做的'事'之中，包括生存环境与社会活动。因此，'个体教育力'的社会存在，除终身教育提及的'时时、处处、人人'之外，还应加上一个'事事'。个体只有在自己的生命实践中，才有可能受到'教育力'的作用与影响"[①]。

在同一篇论文中，另外三处的表达是：

- "社会教育力"又以分析单位的区别分为两大层面。在社会系统层面上，以不同系统作为分析单位，以及作为社会全系统所具有的社会教育力，统称为"系统社会教育力"；在以个体的人为分析单位的层面上，贯穿于每个人一生生命实践之时时、处处、事事所构成的社会教育力可称为"个体社会教育力"。

- 志愿者活动在西方社会早已形成，这与其宗教信仰相对深入民众生活有关。中国自改革开放以来，尤其是自21世纪初以来，志愿者活

---

① 叶澜. 终身教育视界：当代中国社会教育力的聚通与提升［J］. 中国教育科学，2016（3）：58.

动逐渐成为以青年为主体、具有越来越大规模的社会公益事业。以上海市为例，志愿者活动被广大市民认识并受到尊重好评，是在2010年世界博览会期间。当时被大家昵称为"小白菜"的志愿服务者，以其热情、文明、熟练的工作技能和不厌其烦、不辞辛劳的服务态度，打动了每一个得到帮助的参观者。一支拥有志愿精神的团队，长时间、大体量，在世博会场几乎无处不见的渗入度，为城市的精神文明增添了活力，树立了一代青年的新形象。此后，"志愿者"的名称成了服务公共活动、满足社会需要，以及给人以温情关怀和自愿付出的代名词。在各种重大活动和日常生活中，在有需要的地方，常常能看到志愿者的身影。如今的城市志愿者活动，完成了由短期、集中、临时、单项，向长期、广泛、持续和多元的转换，形成了常态机制。该项活动对参与者、受惠者乃至生活其中但并不一定直接受到服务的居民，都产生了教育影响，让通常被视作冰冷的陌生人社会，增添了人间温情，也体现了社会教育影响力时时、处处、事事可能产生的影响方式特征。

• 走向"聚通"，是指社会教育力的发展要逐渐改变相对孤立的线状、块状和条块间尚缺乏聚集与沟通的"星星之火"局面。在今后发展中，除了扩大"星火"的面积和热量辐射的能力，还要自觉建立起力与力之间的内外网络状架构，经聚集，不只是同类聚集，还需要异类相关聚集，加强渠道的沟通和链接，以实现更大能量的传递与互动，激发出新的能量，最终使社会教育力成燎原之势，成为真正"时时、处处、事事"都存在的社会、教育事业自身发展，以及每个人身心发展都需要且能获得的强大动力。

上述研究成果也在2016年12月12日的第四届终身教育上海论坛上公开表达。新闻报道显示："华东师范大学终身教授、博士生导师叶澜教授，带领大家重读朗格朗，提出终身教育具有'全时空'和'全人'特性，终身教育体系要建立在彻里彻外的渗透着终身教育原则的社会的基础之上,实施一种与人们的生活进步与成就紧密相连的教育,渗透社会各项活动,做到时时学习、人人学习、处处学习、事事学习。最后要达到的目标是社会的改造。最后,叶澜教授认为,社会教育应在聚通与提升中实现发展自觉,现代社会应该是呼唤社会自觉的社会。"①

尽管新闻报道不能够作为学术研究的基础,但其中呈现的信息,能辅助说明叶澜倡导的"事事"观对于终身教育研究所具有的重要性。

2020年,叶澜在一篇论文中继续强调这一观点。她明确提出:"目前,我国终身教育几近覆盖人生每一阶段,但在段与段之间的关联性,尤其是以人的成长发展为核心的贯通性不足。实践中的完善,一是要协调各方教育力量,形成合力;二是不仅要强调'时时、处处、人人'可进行学习,还应增加'事事'两字。只有增强实践之'事事'具有教育和学习的意识,才可使终身教育不限于外在的机构、场馆、专门为之的教育与学习活动,而成为可渗透到人的日常生活之中,开发个人生命实践的学习教育潜力,增加层累式效应。也唯有人人在自己的生命实践中具有学习意识,学习才可能转化为人的生命发展需要和自觉。"②

这一不断被明确和强化的观点,表明叶澜的认识是清晰而坚定的。而这一观点既是从个体意义上解读终身学习的重要入口,也是从社会意义上丰富和发展社会教育力的重要落脚点。因此,她明确指出:"终身教育是衡量当代社会发展的教育尺度,它以促进人的多方面终身发展和人格完善,创造更富有意义的人生和更美好的世界为价值取向;以化入人生全程、化入社会各域的社会教育力为特征,体现在社会中'人人、时时、处处、事事'都内含

---

① 我校主办的第四届终身教育上海论坛顺利召开[EB/OL].[2020-10-01]. http://www.smile.ecnu.edu.cn/b2/69/c21621a242281/page.htm.
② 叶澜. 溯源开来:寻回现代教育丢失的自然之维——《回归突破:"生命·实践"教育学论纲》续研究之二(下编)[J]. 中国教育科学,2020(2):26.

着教育的价值和力量。"[1]

但这一观点在现有的"终身教育"研究领域还未能得到更广泛、更深入的讨论。检索截至2020年年底的终身教育研究文献,叶澜这一成果未能被广泛作为参考文献,将"事事"与"人人、时时、处处"合用的表达,尚未被"终身教育"研究领域所采纳。这是为什么?

(二)新视角下对终身教育研究状态的再认识

中国"终身教育"研究不断取得进展,包括"时时、处处、人人"视角的提出和广泛传播,这已经意味着终身教育理念的不断清晰、聚焦和渗透。而叶澜提出的"事事"之维,又能带来怎样的新视野?

1. 缺失的重点

朗格朗曾花笔墨描述了他理想的终身教育场景:

> 我们时代的真正的教育革新正是在这一领域开展的。正是在这里,集体的学习和讨论代替了单纯的正规讲座、上课和练习。除了只是代替和补充学校教育的情况以外,成人教育不讲什么分数、名词、惩罚、奖赏,它力求避免重犯过去年代因袭下来而我们的学校至今还在庇护着的一切弊病。在这里,教育作为思想交流和对话的过程显示了其真实的意义,每个人都按他自己的身份和具体技能及才智而不是按刻板的模式,积极地参与和促进这种交流和对话。没有严酷而且费时费力的遴选,也没有歪曲教学过程和因害怕通不过而损害个性正常发展的考试和文凭。在成人教育中,不存在方法上的等级差别;非正统的教育方法,特别是直观教育法为成人教育机构所长期采用并非出于偶然。总之,成人教

---

[1] 叶澜."生命·实践"教育的信条[N].光明日报,2017-02-21(13).

育，至少是具有自身生命的成人教育，没有因职业的、政治的或党派的原因而从外部强加的异己模式的成人教育，是自由的教育，为自由和以自由为手段的教育。①

这一内容，被朗格朗称为"真正的教育革新"，呈现出的是独特的成人学习、成人教育的场景，突出了"集体的学习和讨论"，强调了"思想交流和对话的过程"，强调了"每个人……积极地参与和促进这种交流和对话"，更让人印象深刻的，是连续用了一个"不讲"（不讲什么分数、名词、惩罚、奖赏）、一个"避免"（力求避免重犯过去年代因袭下来而我们的学校至今还在庇护着的一切弊病）、两个"没有"（没有严酷而且费时费力的遴选，也没有歪曲教学过程和因害怕通不过而损害个性正常发展的考试和文凭）、一个"不存在"（不存在方法上的等级差别），而坚定不移地突出了成人教育与其他教育领域、教育方式的明显差异。

如此表达方式，也将朗格朗所深受启发、愿意全力推进的事业凸显了出来。在当前终身教育研究中，探讨政策主题，描述终身教育发展轨迹、聚焦终身教育发展规划的成果不少；但是，类似朗格朗这样深入到终身教育之教育活动中，为这样的教育过程所感动，为这样的教育形态而努力，由此而写出的文字，似乎还不多。

在基本理论和整体设计中不将"事事"作为核心内容，就会直接使"终身教育"失色。在现有的老年教育、社区教育、自学考试等形态中，有着极其丰富的"事"，有着充满教育内涵的"事"，也有着更多可以创生、融通、发展的"事"。终身教育的发展不仅体现在这些"事"上，而且也通过这些"事"发展、更新。

但当前直接关于终身教育之"事"的研究，数量并不多，质量也不高，

---

① 保尔·朗格朗. 终身教育引论［M］. 周南照，陈树清，译，北京：中国对外翻译出版公司，1985：17.

与基础教育等领域有关教育过程、方法、评价的研究，有着明显的差距。有学者倡导："我们在实践中还需要更多地从微观角度出发，认真考量社区教育治理的具体内容、结构关系，给予其更为细腻的理论研究和实践探索，切实激发多方参与热情和活力，促进我国社区教育与社区治理的深度融合，构建现代社区教育生态化治理格局，这才是社区教育治理创新并实现社区教育健康可持续发展的必由之路。"[①]这样的倡议是有意义的，当前缺失对终身教育之"事"的深入研究，也许和当前我国研究者的研究兴趣有关，毕竟需要不同层面的终身教育研究；也和研究者的研究方式有关，类似朗格朗这样贯通大中小学教育与成人教育，且直接投入相关教育实验几十年，进而拥有在国际组织工作的广阔视野和丰富体验的研究者，数量不会太多。但更值得思考的，是如何在"教育"的意义上，尊重最为内核的教育研究内容，如何呈现"终身教育"研究的"教育研究"方法论特征。

结合上述朗格朗所强调的内容和叶澜的思想，我们更能做出判断，当前的"终身教育"研究，在研究方法论的清晰度上，在研究重心的判断上，在研究成果的表达上，还明显缺失对"教育活动性存在"的重视和深入研究。当前的各类研究，在这样的深度分析、明确强调方面存在短板。

2. 不完整的体系

将"事事"之维纳入研究视野，一直用这种反思、重建的方式，就会发现，目前对于"终身教育""学习型社会"的常见表达，依然存在有待商榷之处。

就"人人"而言，21世纪以来受到极大关注的老年教育和学龄前儿童教育，无疑补充上了原有的"终身教育"的短板。这也是对国家政策强调的

[①] 南旭光，张培.社区教育生态化治理的思路、框架与策略［J］.终身教育研究，2021（1）：65.

"幼有所育""学有所教""老有所养"等主题的回应。[①]但就更具体的"人人"所"学"所"教"之事的特殊性，对具体的人的终身发展的实践与理论研究，依然有着很大的研究空间。在现有格局中，尚缺乏对基于"具体个人"观而深入到不同而具体的人的学习的研究，缺乏对每个人丰富而多元的学习的研究，缺乏对丰富多彩而皆蕴含教育内涵的人的终身教育活动的研究。

就"处处"而言，从原有的中小学、大学，"终身教育"研究已经开始关注到社区学校、老年大学、开放大学，开始将博物馆、科技馆、图书馆等作为研究对象，并以"学习型城市""学习型乡村"为名开展了政策、实践与理论研究。结合终身教育的内涵，这一领域的"空间之维"基本形成。但是，在不同空间中，终身教育之事是如何发生、发展的？有着怎样的区别与联系？是否具备了朗格朗所探讨的诸多引人入胜、激动人心之处？目前看，都有一定的盲区，深度、清晰度明显不够。

就"时时"而言，结合人的终身，当前被关注的核心内容已经基本形成，但就具体的人的终身发展，就一年中特殊的时间转换或时期，事实上也还有相当明显的研究空间。以笔者长期研究的学生寒暑假为例，在基础教育背景下，缺乏积极的介入和综合的开放；在社区教育工作者的视野下，也更多是组织学生参加活动，但缺乏对其内在合理性的斟酌、价值的深度挖掘、与中小学的密切合作。与之类似，还有更多人的生命历程中的重大节点、对于中国人而言重大的节庆的研究，尚未在"终身教育"研究中丰富、清晰、有力度地表达出来。

因此，基于"时时""处处""人人"的视角，也还有必要继续深化研究。

[①] 中国政府网.习近平：决胜全面建成小康社会 夺取新时代中国特色社会主义伟大胜利——在中国共产党第十九次全国代表大会上的报告 [EB/OL].[2017-10-27]. http://www.gov.cn/zhuanti/2017-10/27/content_5234876.htm.

二、"生命·实践"教育学的贡献

叶澜对于"事事"之维的重视,源自"生命·实践"教育学的立场与理论,也扎根于其教育研究实践。

(一)清晰的教育研究方法论指导

在叶澜看来,教育存在可以分为三种类型。在她看来,"第一类简称为'教育活动型存在',包括一切以影响人的身心发展为直接目标的人类实践活动。无疑,它是教育中最生动、丰富、多变和基本的存在,没有它,就不可能有后面两种类型的存在"①。这里的表达清晰、坚定,直接阐明了"教育活动型存在"与"教育观念型存在"和"教育研究反思型存在"的关系。

而在"教育活动型存在"的内部结构方面,叶澜认为,其也包括宏观、中观、微观三个层面。她提出:"对三大类型教育活动的关系简单而形象的比喻是一组套筒,但筒与筒之间的区别不是直径的变化,而是活动性质、主体及功能的区别。"②

叶澜继续深入,针对"教育活动性存在的特殊性",明确提出如下五方面的观点:教育活动是人为的社会实践活动;教育活动以人为直接对象,以影响人的发展为直接目的;教育活动具有双边、共时、交互作用性和要素关系的复合性;教育活动具有预测性与活动过程中的动态生成性;教育活动的本质是在特殊的交往活动中有目的地使社会对学习者的发展要求向学习者的现实发展转化,使学生的多种潜能发展可能向现实发展转化。③

这一系列逐层深入的观点,恰恰呈现了教育研究的丰富性、复杂性,在基本理论层面上论证了终身教育研究要关注的重心及其与相关研究内容之间

---

① 叶澜.教育研究方法论初探[M].上海:上海教育出版社,1999:306.
② 同①:309.
③ 同①:313-317.

的关系。

总之,叶澜对"教育活动型存在"的揭示,无疑为她后期强调"事事"之维奠定了教育学原理研究的基础。而她的教育实验成果,直接体现在持续的"新基础教育"研究中。

(二)突出"生命·实践"教育学的研究视角

叶澜对"事事"的关注,是与其对活动、实践的关注直接相关的,甚至可以画等号的。本部分内容与前一章所讨论的人的发展主题直接相关,我们不再重复前述观点,而是更多突出其内在结构和思路。

1. 对人的发展的"现实性因素"的讨论

早在20世纪80年代,叶澜就在批判性思考的基础上,明确提出:"个体的活动是个体发展的决定性因素,没有个体的活动就谈不上任何发展。"[①]这在原理层面上奠定了"事事"与终身教育的内在关系。

她认识到影响人的发展的因素的多样性,更意识到其复杂性,但丝毫没有影响她做出坚定的判断:"这些因素中的每一个对于人的发展来说都是必不可少的,然而又都不是充足条件。只有在它们之间发生联系构成整体后才是人的发展的充足条件。它们之间的相互关系并不是并列的或者从属的关系,而是相互渗透、转化,互为因果、互相作用的关系。这使影响发展的因素系统也随着主体的发展不断变化,呈现出错综复杂的动态结构。"[②]

试想,如果没有真实的活动,没有富有教育意义的"事"的发生,人人之学体现在哪里?如何呈现"教育"的存在?"时时""处处"又有何意义?可以说,"事事"直接成就"人人""时时""处处"的"终身教育"。

---

① 叶澜.论影响人发展的诸因素及其与发展主体的动态关系[J].中国社会科学,1986(3):93.

② 同①:96.

这一原理性思考，在2021年，她以长文继续阐述了其内在的哲学原理。她在分析哲学思想变迁的过程中，高度评价"马克思主义是当之无愧的现代哲学的杰出代表，是古希腊以来欧洲哲学遗产的优秀继承者和别开生面的发展者，并深刻地影响了哲学发展的未来走向"。她写道："是马克思主义，第一次发出了这样的声音：哲学的任务不只在于解释世界，更重要的是改变世界！世界的改变和人的改变的统一，只有在变革的实践中才能完成。"①这样的认同，事实上也体现了叶澜自己的理想、信念和追求。

在一次访谈中，她强调："'生命自觉'是指个体对自己生命的存在状态觉知，成长目标清晰，理想人格确立和矢志不渝追求。以前我们会认为，'生命自觉'是在成人之后才能达到的状态，但我在'教育与自我教育'研究中发现，其实自觉是贯穿人生命始终的，是自人出生、有生命于人世间后，从有意识到有自我意识，再到有自我生命发展意识与目标的逐渐生成过程。有了生命自觉，人能发挥主动性，努力把握自己的命运，实现自我的生命与社会价值。"②叶澜也在2021年的一篇论文中总结道："人的生命价值的实现都要通过个人的实践。是人的实践写出了自己人生命运的轨迹。'我们自己创造着我们的历史'，尽管都是在一定的具体条件和范围内才有可能。"③

这些观念直接影响着叶澜对于教育、人的发展的认识与理解，更直接体现在她的研究实践中。

2. 对培养主动健康发展的人的呼唤

20世纪90年代，结合时代精神的讨论，她明确写道："正是从这个意义

---

① 叶澜.转化融通在合作研究中生成——四论教育理论与教育实践的关系[J].教育研究，2021，42(1)：40.
② 叶澜，罗雯瑶，庞庆举.中国文化传统与教育学中国话语体系的建设——叶澜教授专访[J].苏州大学学报(教育科学版)，2019，7(3)：87.
③ 叶澜.转化融通在合作研究中生成——四论教育理论与教育实践的关系[J].教育研究，2021(1)：42.

上我们说，一个呼唤人的主体精神的时代已经真实地到来了。这个时代需要能在多样、变幻的社会风浪中把握自己命运、保持自己追求的人，需要靠这样的新人来创造未来。于是，培养新人的任务就历史性地落到跨世纪的教育工作者身上。处在市场经济初建阶段的我国教育，虽然面临着经济大潮的冲击并受到前所未遇的许多新问题的困扰，但这大潮能孕育出新的生命，这困扰会锻炼出新的勇士，只要我们善于驾驭，时代之潮会把我国的教育推向一个新的、无限阔广的天地。"①

对时代精神的这种认识，赋予其原有的基本理论研究、人性论研究以鲜活的时代气息。在即将进入21世纪时，她继续明确且持续地倡导人的主动发展，改变人的被动生存状态。在她看来，主动生存的方式却不同，它与人所特有的发展、创造的需要联系在一起，与生命活力的激发和潜在可能的实现联系在一起。以这样的态度去对待周围世界、对待自己的人生，人的生命过程就会积极，呈现出自主的色彩，个体会具有独特性，会进行创造，不仅创造出新的事物、新的方法、新的技术、新的思路、新的作品、新的外部世界，而且会不断丰富自己的内在精神世界，创造新的生命历程。这正是未来社会所需要的新人的基本生存方式。②这也呼应着《学会生存——教育世界的今天和明天》所倡导的观点："未来的学校必须把教育的对象变成自己教育自己的主体。受教育的人必须成为教育他自己的人；别人的教育必须成为这个人自己的教育。这种个人同他自己的关系的根本转变，是今后几十年内科学与技术革命中教育所面临的最困难的一个问题。"③

正是这一立场，促成叶澜时时、处处关注人人的学习与发展的实现，关

---

① 叶澜.时代精神与新教育理想的构建——关于我国基础教育改革的跨世纪思考[J].教育研究，1994（10）：3-8.
② 叶澜.把个体精神生命发展的主动权还给学生[M]//郝克明.面向21世纪我的教育观：综合卷.广州：广东教育出版社，1999：334.
③ 联合国教科文组织国际教育发展委员会.学会生存——教育世界的今天和明天[M].华东师范大学比较教育研究所，译.北京：教育科学出版社，2003：200.

注真实的人的成长。在终身教育背景下，如果我们关注"人人""时时""处处"，而不去关注人如何学的、怎样实现发展的，则"终身教育"是否真正促成了人的发展？

3. 重视实践与人的终身发展的关系

结合前文对叶澜所形成的对人的终身发展的理解，可以进一步体会到叶澜对人在基础教育、高等教育、成人教育及老年教育等不同阶段所主动参与其中的教育活动的追求。人的终身发展，就与其人生历程相融合，就通过其生命实践而形成自己独特的人生内涵。叶澜明确且多次强调，不能仅仅关注某些特殊的、有外部影响力的活动，"然而，恰恰最需用力、最真实的改变，就在日常。只有基于日常、通过日常，才能将高远的、具有根本意义的目标，化到每人每天的生命实践之中。这是儒家教育传统中的智慧之一，我们更可能也需要从实践智慧的意义上持续和发展这一传统"①。

2020年，她在总结"新自然观"时，继续明确倡导教育系统的变革"要达到生命全程既分阶段又相互关联，教育系统本身要做出积极响应并不断提高学习主体自觉需求与能力的作为"②。在这里，她依然关注的是作为主体的人的"自觉需求和能力"，依然在人的主动实践意义上看到教育与人终身发展的关系。

在多年的研究中，她时时强调：每一阶段的教育，会为下阶段的教育和人的发展奠定新的基础。她以自己为例，在总结十五年的"新基础教育"研究的基础上指出："我庆幸自己从事了'新基础教育'研究，它让我存有的学术能量有了一次绽放，又孕育出新的学术能量和焕发出指向未来的新的学

---

① 叶澜.回归突破："生命·实践"教育学论纲[M].上海：华东师范大学出版社，2015：320.
② 叶澜.溯源开来：寻回现代教育丢失的自然之维——《回归突破："生命·实践"教育学论纲》续研究之二（下编）[J].中国教育科学，2020，3(2)：26.

术生命。"①这样的动态、生成、终身的发展观、教育观，对于认识、推动终身教育发展，有着直接的启示价值。

（三）推动研究性变革实践的价值实现

叶澜对"事事"的关注，在她所领导的"新基础教育"研究中，在她自己培养研究生的过程中，在她个体的学习与发展中，都鲜活地存在着，也在这三个维度上启示着终身教育研究者。

就教育改革实践而言，她直接领导"新基础教育"研究，致力于改变师生在学校的生存方式。她无数次反思当前基础教育阶段的问题，批判基础教育领域中的主体观、过程观、评价观，并且具体到课堂教学、班级建设、学校管理等核心领域，将师生每一天的生活更新、重建作为研究内容。如在教师发展研究方面，她无数次强调："我觉得教育事业和教育的魅力一定要与创造联系起来。作为一个教师，如果只要求自己像蜡烛一样，成天勤勤恳恳地埋头苦干，以牺牲自己作为职业高尚的表达，而不是用一种创造的智慧去激发学生心中的精神潜力，那么工作对于他来说只有付出没有魅力，也难培养出有创造力的学生。教师工作是一种独特的创造性工作。教师的魅力在哪里？就在于创造。"②

如果说，在课堂教学研究领域，对于"教学"之事的关注能得到很多人的认同，那么，"新基础教育"在班级建设领域所开展的改革研究，便将"事事"之维呈现得更清晰。在这个领域中，叶澜组织、倡导、引领更多的班主任关注学生之间的交往，注重班级里的小岗位建设，推动学生小干部的轮换，加强基于学生日常生活的评价，改造作为教育实践活动的主题班队

---

① 叶澜.个人思想笔记式的15年研究回望［M］//叶澜.方圆内论道：叶澜教育论文选.北京：中国人民大学出版社，2019：85.
② 叶澜.散论"教师"［M］//叶澜.叶澜随笔读思录·俯仰间会悟.北京：中国人民大学出版社，2019：123.

会等。

在一次会议发言中，她明确将上述探索与人的发展沟通起来：

要把整个学校生活世界变成教育世界，把教育融入整个学校的生活世界中。有此观念，则处处有事可做。可做之事有：

1. 班级日常生活中的事。我们从抓小岗位开始，班级即我家，人人在班级中有存在感、责任感和合作感，未来公民就在此过程中养成！现在，"新基础教育"提出的口号是"创造学校新生活"，学校是充满和饱含着教育精灵的地方。有此思想，则许多事情可做。

2. 学生成长中出现的事情，班级发展中出现的事情，学校全局意义上出现的事情。成长是很丰富的，潜流涌动，老师不要只关注"懂了吗""得几分"。

3. 社会生活。要让学生懂得政治大事，学生对社会生活的了解，是其成长中不可或缺的构成，参与社会生活也是其初步的社会生活能力培养需要。在此，我特别强调"底线"。当前，德育的问题是底线不清楚，高线被架空，中线被忘记。老师容易盯着优秀生和后进生两端，班级里大量的中间生往往被忽视。其实，我们要关注的恰恰是班里大多数的普通孩子。优秀生，你不要挡他；困难的你给他温暖。教育是最平常之事，教育面对的大多数是平常的儿童。所以要会研究平常，让平常呈现出内在的不平常。每个平常都有其独特之处。教育要创造条件，让平常中的独特性呈现出来。

4. 自然世界。教育在太长的时间里丢掉了自然，我们必须把自然寻找回来。人是自然之子，从小要对花草树木有感情，对蓝天白云有感觉。

有了上述意识，人人都可以创造出自己班级的可为之事。[①]

[①] 叶澜."新基础教育"班级建设究竟"新"在哪里——在全国"新基础教育"共生体学生工作第四次专题研讨会上的发言[J].班主任之友（中学版），2018(3): 4-6.

对这一系列的"可为之事"的结构性阐述，加之全国各地实验班班主任所开展的无比丰富的实践，就在呈现叶澜所倡导的将"事事"作为人之发展的思想。她曾如此强调这样的研究的重要意义："把儿童发展与教育改革联系起来，是一个时代性的问题，在不同时代有不同状态。今后如何深化这方面研究？我认为：一是问题要聚焦和升华，有些问题需要整合，找出深层次问题；二是现在的研究呈现的状态还处于初级阶段，比较多的研究停留在观念、观点上，是对一般现象的分析，研究路线是自上而下，定位和重心高了一点，具体生动的、在生境中如何一步步发展的儿童研究太少。我建议把研究重心下移，问题要深化放在儿童生活的生境中研究儿童发展与教育变革的问题。"①尽管这个领域已经有长期、多样的研究了，但在她看来，依然有太多需要深入研究的内容："面对现实问题，研究者有两种路径可选：一是简单、纯粹的理性批判；二是建设性的，走向综合，面向生活，关注长久被我们忽视的感性、情绪、情感的问题以及被忽视的境遇问题。成人世界和儿童世界之间是否存在转化的通道，如何转化，转化的核心问题是什么，在神经系统中如何发生等一系列问题，都要求我们放到生境中去做深度研究。我们现在的儿童观比较混乱，但我们不能满足于儿童观的研究，不能停留在人性的解释，否则我们就是在做哲学研究，而不是研究教育基本理论。教育有很丰富的主题，是生境的一部分，每个人都会遇到那些影响生命成长的精神世界的机缘性问题。"她进而倡导："丰富而健康的儿童教育是为人生奠基，是重任，为此我们需认真、深入地研究，切实地行动，切不可因孩子小而不在乎、放任或严控。"②

笔者阅读叶澜的相关研究成果，尤其是作为成员参与到叶澜所领导的教育改革研究中后，更进一步体会到叶澜所倡导的"事事"之维就是直接呈现教育研究之内涵的构成。

---

①② 叶澜.深化儿童发展与学校改革的关系研究[J].中国教育学刊，2018(5)：3.

这样的思想，同样体现在叶澜作为一名高校的教师，通过自己的教育教学实践，不仅在研究生在读期间培养学生，而且持续引导学生发展，形成一支以自己曾执导过的博士生为主体的研究团队；不仅有这些"编内"的学生，还有更多"编外"的学生。笔者曾非常简要地记录下自己的学习心得：

> 记得开始跟随叶澜老师攻读博士学位时，叶老师已经是教育学领域无人不知的著名学者了。她指导我们读书，指点我们思考，非常细致地读我们的月末小结，推动我们寻找自己的研究领域和方向。那时我发现，叶澜老师不仅是理论创新的领军人物，而且还以"新基础教育"项目为核心，探索全新的教育研究路径，直接促成基础教育的变革。当我博士生二年级时，叶老师提供给我一种全新的学习方式，每周至少一整天，有时是连续几天，跟着叶老师进中小学课堂听课、评课，进会议室讨论、交流，进一所所学校了解教育的变革。对于曾经有过小学教师工作经验的我来说，重新进入到充满生机的中小学里，这种感觉既熟悉，又陌生。而因为可以随时请教叶老师，可以不断观察、体悟叶老师的研究方式，可以向更多中小学校长和老师学习，那种学习和发展的感觉实在太棒了！从那时开始，直到现在，我的工作、生活乃至于命运，与"新基础教育"几乎融为一体，在其中体现别样的研究之路与个人的专业发展之路，并在合作中承担社会责任。经历着这样充满召唤力的研究实践，我总觉得有无穷的力量在不断生成。在后期我又追随叶澜老师进入"生命·实践"教育学的创建之中，投入于中国教育学发展的事业之中。在一次次的讨论与会议中，在一轮轮的思维与理论的自我更新中，在越来越多的国际对话中，这个学派在发展，而我的老师没有因为退休而停止研究，没有因为年长而终止学习。在跟随叶澜老师学习的过程中，我常常会被她的勇气与魄力所震撼，会为她的真诚与投入而感动，为她的

责任感与生活情趣而吸引。自1999年来上海读书以来，快20年了，老师的研究实践，老师的发展之路，老师的人格力量，照亮着我的前方。①

叶澜作为一名学习者，时刻保持着对有字之书和无字之书的阅读，保持着与天地人事的对话。叶澜曾如此写道："如我喜欢看天上的云，认为云有它的世界、它的语言……在这个与云的'交往'中，我想读懂云语。每个人只有在自己的生境中，才会获得自身的体验和认知。逐渐把自己的世界一点点丰富起来，我相信人有三个世界：生理、心理和精神的世界，人若不能感受自己的精神世界，在一定意义上就只活了半生，我希望每个人都能活出完整而丰富的人生，而不是以半生作为结束。"②

在终身教育研究背景下，这不应该被简单视为个人情趣，而应被理解为终身学习的实践，被视为终身教育研究的核心内容。有着这样的生存方式与生命体验的研究者持续倡导并身体力行的"事事"之维，值得更多终身教育研究者思考、理解和探索。

三、对当前终身教育改革与发展的启示

叶澜对于"事事"之维的强调和阐述，对于当前终身教育改革与发展，不仅具有补缺的作用，而且将推动终身教育实践与研究的内涵深化，更为集中地呈现"教育研究"的特征和体现作为一种"教育"实践的价值。

（一）促成整体结构的完整

当我们以"人人""时时""处处""事事"的视角重新审视当前的终身教育发展及研究，就会更清晰地看到，还有一系列的短板需要补，也需要在

---

① 李家成.我的老师：引导我朝向光明的那方[J].教育家，2018(33)：23.
② 叶澜.深化儿童发展与学校改革的关系研究[J].中国教育学刊，2018(5)：3.

整体意义上进一步架构。首先以学生寒暑假这一时长至少占全年四分之一的"时间"为对象,结合在此时段内的"人人""处处""事事",阐述如何通过"补短板"而促成终身教育整体结构的完整。

1. 发现更多、更具体的终身教育研究单元

学生寒暑假是一个特殊的时段,其所具有的特殊性,足以成为终身教育研究的重要单元。

首先,学生寒暑假涉及的主体足够丰富。[①]学生经过一学期的有序学习与集体生活,回到家庭生活、社区生活及自然、社会中,也迎来了与父母、祖辈、亲戚朋友及各种社会人员与组织更密切接触的时光。家庭是孩子假期生活的重要场所,与孩子关系最亲密的就是家长。在寒暑假期间,学生的学习和生活都有不同的节律和内容,家长必然受到影响,进而调整自己的生活与工作。如果将父母、祖父母等主体计算进去,则这一群体是所有中小学生的若干倍。除此之外,学校教育的影响是延绵不绝的,教育行政部门、学校、教师会布置任务或作业,介入到学生的寒暑假生活中。与此同时,社会工作者、与学生寒暑假生活有关的企事业单位、公益组织、民营机构等,也会围绕着学生假期生活开展各种活动。

学生的假期生活涵盖了多类主体,综合形成一个生态系统;各主体承担着不同的任务,有着不同的取向和实践,也因此有着"教"与"学"的丰富资源。

其次,学生寒暑假的时间足够长。每年中小学生寒暑假时间长达3个月,如果将假期的前期准备与寒暑假之后、开学之初的时间都计算进去,很可能达到四五个月。在整个基础教育阶段,学生、家长、教师和相关人士就

---

① 笔者与合作者推动的这一研究,长期聚焦中小学生及其相关主体。自2020年1月的寒假开始,上海终身教育研究院与华东师范大学教育学部相关部门合作,推动并研究大学生的寒暑假生活重建。

至少有12个寒假与12个暑假。这一时间段的存在及其价值实现，在学习型社会建设背景下，具有不容忽视的价值。

具体到每一个寒暑假，学生在假期里积累的直接经验的多寡、假期中成长需要被满足与否，都直接影响其下一学期中的表现与未来发展。教师、家长和学生若能充分重视并开发假期的宝贵资源、重建学期初生活，就能综合融通教育与生活，促进学习生活的连续性与系统性发展。

再次，寒暑假所受到的社会关注度足够高。学生寒暑假涉及千家万户，发展过程中会出现纷繁复杂的状态，后续结果又会影响中小学的教育教学质量及学生的生命质量。从之前的"中国好作业"活动，到连续多年列入上海市政府实事项目的"爱心暑托班"，从暑假前诸如"快乐安全过假期"等形式多样的《告家长书》里对孩子假期生活与健康安全的嘱咐，再到开学前各类对学生作业"掉沟里了"的调侃，可见在中国，如何让孩子的假期过得充实而有意义，如何顺利衔接孩子的假期生活与学期初生活，已经成为社会各界共同关注的话题。

寒暑假生活是学生结束上一个阶段紧张的学习，通过休息、调整而开启下一阶段新生活的时期，是学生综合素养发展的重要时空资源，是学生将学校教育、家庭生活与社区生活综合融通的发展资源，是学生更自主更自由地生长与发展的生命资源。在寒假期间，春节主题能成为传承中华传统文化的教育资源，使学生体验历史文化与现代文明的交融，真实感悟人与人之间的伦理关系与互动交往。

另外，离开了结构性很强、安全与教育保障都很到位的学校的直接影响，假期里孩子的安全、健康成为家长及整个社会关心的问题。

结合终身教育研究的背景，学生假期生活也逐渐被纳入学术研究领域：就研究内容而言，主要集中在对学生假期的学习与发展、劳动、娱乐状况及意外伤害事故的分析；就研究方法而言，既有对境外学生暑假生活的介绍，也有通过访谈、观察等对学生的暑假生活进行的实证研究。假期研究成果的形成与传播，促进着假期改革的深入，并为终身学习研究提供新的生长点。教师、家长、社会组织、民营机构在寒暑假中的角色、行为、关系，也开始受到社会的关注。

2015年6月至9月，笔者与常州市新北区龙虎塘实验小学的"幸福八班"教师、学生和家长一起，第一次探索暑假生活与学期初生活变革，并在9月开学初开展了现场研讨。我们又合作开展了2016年的寒假生活与学期初生活变革研究；同时笔者与公益组织合作，针对上海市外来务工随迁子女和家长，开展了当年的"健康小天使，回乡过寒假"公益项目。2016年暑假，笔者邀请常州、上海、青岛、厦门、深圳等地的"新基础教育"实验学校开展研究，并于9月召开了首届"学生暑假生活与学期初生活重建研究"全国现场研讨会。①2016年12月至2017年3月，笔者发起公益性的"你好，寒假！"研究，致力于重建学生的寒假生活与学期初生活；2017年5月起，继续以"你好，暑假！"为题开展研究，持续至今。

2. 确认综合性的研究立意

就立意而言，与国外相关研究相比，首先，是对学业成就的关注方式。与欧美国家不同，中国教育改革与发展要减轻学生过重的学业负担。在寒暑假中，很多学生依然较多投入于知识性的复习巩固。基于这一情况，"你好，寒假！""你好，暑假！"要做的是适当降低对学生学业成就的关注度，将之融入人的整体发展之中，突出寒暑假所应有的丰富的生活。与此同时，也继续以创造性的转化实现学生对学业知识的综合应用、学习兴趣的激发、学习团队的建设，从而为学生学习提供新的支持体系。在项目研究中，我们强调学生把所学知识综合应用于真实的生活世界，关注学生的合作学习，让学生在假期继续发展学科素养。

---

① 吕珂漪，顾惠芬.重建学生的暑假生活和学期初生活——"学校日常生活中的学生发展"第二次全国现场研讨会议综述［J］.班主任之友（中学版），2016（12）：6-9.

其次，是对学生发展的理解。西方国家学术界对假期中学生发展的关注，主要是语言、数学素养；而促进发展的方式，较多是成人直接的支持和帮助，特别是各种类型的暑期学校、暑期学习项目。笔者所考察过的新西兰项目，就是由研究所直接招募工作人员，制作好相关的网页，提供学习材料，直接支持学生的学习。但我们会更加关注学生在项目策划、组织、实施、评价中的领导力；[①]高度关注学生、教师、家长、社区的合作，[②]不仅关注相关主题的价值，且直接将这个过程视为儿童发展的实现机制和具体表达。不仅如此，还将放假前的一个月、开学后的一个月，都视为直接的研究时间。这也体现出大结构、长时段、多主体的特征。

最后，是中国文化主题的反映。这包括对中国传统节日的高度关注，特别是春节这一重要文化现象。这样的主题，包括对春节的年俗、购买年货、家族聚会、庆典，乃至于返乡过年的路程，都被持续而有深度地开发出来。这包括对中国特殊的家庭伦理与结构的聚焦，如祖父母的教育参与问题一直被视为中国社会转型中的教育难题，而从中国文化传承与发展的角度看，这一问题特别是在寒暑假期间，是需要被重视并为其寻找发展突破点的。

3. 成就多主体"共学互学"之事

首先，这体现为对多主体合作促成教育发生的综合研究，"人人"在其中。

"你好，寒假！"和"你好，暑假！"项目是典型的多主体参与。在微观的班级层面，是学生、家长、班主任和学科教师的直接合作；在学校层面，是校长、中层干部、所有教师、所有家长和学生、社区人士、社会组

---

① 陈才英，李家成."我很重要！班级每个人都重要！"——论寒假生活与学期初生活重建中学生存在感的获得[J].现代教学.思想理论教育，2017（5）：8-11.

② 李家成，顾惠芬.寒暑假生活育人：实现班主任研究的"开疆拓土"[J].中小学班主任，2018（2）：8-10.

织、政府官员等的合作；在项目组层面，是参与研究的校长、教师与大学教授、杂志主编、出版社编辑、国外学者间的直接合作。我们不赞成以教师个人的聪明替代学生和家长，而是高度强调以班级、年级、学校为单位的学生、家长、教师的直接合作，并体现在策划、组织和展评总结等过程中。在多元主体的参与中，不同地区、学校、班级呈现出百花齐放的状态；多主体的参与和发展，又在呼应着终身教育体系的建立和发展，这些明显超越了学校教育的范畴。

其次，这体现为对时空的综合研究，"时时""处处"在其中。

这一项目的具体运作创生了高度融通的时空。就时间而言，放假前的一个月、寒假或暑假、开学初的一个月，构成了完整的研究单元；再将寒假、暑假、不同的年度沟通起来，则融通了以年为单位的时间，建立了学校运行新节律。相对于之前的学生间、家长间、家校间的割裂状态，"你好，寒假！"和"你好，暑假！"项目借助互联网，借助各类小组、小队、项目组活动，借助寒暑假中的"集结令"活动，极大促成了学生之间、家长之间、家校之间的联系与互动。在宏观层面，各省市、各类型学校、各班级之间有着借助互联网的互动，相互学习借鉴，甚至有与美国、瑞典等国学者的互动；在开学初现场研究中，以2018年3月在浙江武义举行的学生学期初生活重建研究为例，就有澳大利亚、以色列、智利的学者直接走进相关教师的研究现场。

最后，在多主体共同投入的学习、生活之"事"中实现价值，"事事"是这个项目的生命。

该项目要改正的，是之前学生、家长的被动状态，要努力发挥每个参与主体的能动性。在项目运行的每个阶段，都强调每个主体在其中表达意见、相互聆听、形成共识、拓展思路。学生在项目组、玩伴团、特别行动队等多样化的组织中展开个体与群体的互动，使每个个体的生命成长与群体的共同发展成为可能。经济合作与发展组织（OECD）所发布的报告曾指出，学校不仅是学生学习学科技能的地方,也是孩子们习得他们所需要的许多社交和情感技能的地方。以这种方式促进儿童发展的学校,可以帮助学生对自己的生活产生一种主导感和满意感。[①]这一论点,同样适合学生寒暑假与学期初生活重建研究。通过项目发现,在学期初,常常有家长欣喜于孩子"克服了开学恐惧症",常常听到孩子感叹在假期生活展评中获得的自豪与幸福,也能感受到家长、教师、学生之间关系的融洽。该项目促进了和美共生的发展共同体的孕育和成型,保障了每个主体享受生活、创生新生活的美好。

这些"事",渗透在学期末+假期+学期初的长程中。不仅学生在继续发展,教师、家长、社区人士等也在合作、创生、研究性的实践中经历了"教育",实现了校长思维品质的提升、班主任领导力的发展、家长教育自觉的唤醒、社区人士教育合作品质的提高等,直接改善了每个参与主体的生活方式,提高了其生活质量。项目组从生命全程的视角提出建设"第四教育世界"的教育追求,力求形成学校教育、家庭教育、社区教育有机结合的更加开放的教育系统,使参与其中的每个人学会终身学习。

"你好,寒假!"和"你好,暑假!"项目包含着教育与社会互动共生的积极意义。该项目以学校和社会共同致力于"成事""成人"为基础,将学生的假期生活重建与政府建设学习型社会、社区开展未成年人思想道德建设、公益组织发展公益事业、艺术机构丰富人民艺术生活等活动相结合,以学生发展为纽带,建立了互惠共赢式共同体,并具体体现在调研对话、培训沙龙、共同评价等活动中。这实现了学校与社会的相互玉成、共同创造。每到学期初,学生的假期生活成果借助丰富多元的展评活动,不仅开启、滋养着校园文化建设、岗位建设、课程建设、主题活动等,还依托家长、社区人士的参与,反哺家庭生活和社区生活。甚至在某些地区,"你好,寒假!"和"你好,暑假!"项目还促成了教育与社会互动共生的制度创新,如常州

---

① OECD. PISA 2015 Results (Volume III): Students' Well-Being [M]. Paris : OECD Publishing, 2017 : 19.

市龙虎塘实验小学在几轮的合作研究中，推动成立了"龙虎塘街道学生寒暑假生活与期初生活重建促进委员会"。①

（二）在新冠肺炎疫情防控中继续研究终身教育

如果说，寒暑假研究可以充实我们对终身教育研究单元之综合性的认识，那么，随着时代的变迁，高度关注具体真实的终身教育实践，则是另一个重要的任务，包括2020年新冠疫情期间的研究。②

在新冠疫情防控中，中国教育实践出现全局性变化。不仅如此，新冠疫情蔓延，全球性教育调整或改变已成定局。此时，我们不仅需要关注在线教学、心理健康教育等问题，还需要关注一系列教育基本问题，如：作为人类有意识的自我完善的"教育"，在本阶段是中断了还是改变了？疫情中的教育实践是偏离常规、违反理论的，还是另一种形态的表达，甚至是创生新的教育理论的契机？

1. 凸显"学会生存"的价值取向

教育的存在之根是人的发展需要。人生来是一种"有缺陷的生物"，必须通过较高的能力来弥补现存的缺陷，人因而成了"不断求新的生物"，原则上始终需要教育，始终向着更新的阶段发展。③

2020年新春，突如其来的疫情在带来灾难的同时，也为这一教育短板的弥补创造了契机。在死亡的威胁面前，学会维护生命存在成为每个人甚至全人类行动的核心要义；战胜疫情危机的过程，需要不断反思人与自然、人与社会的关系，需要关切人类命运共同体中的个人，需要追问生命的意义。

---

① 顾惠芬.在假期生活中探索学习型街道的发展逻辑——以常州市龙虎塘实验小学参与社区治理实践为例[J].教育学术月刊，2019(10)：10-18.
② 江苏省常州市新北区龙虎塘实验小学顾惠芬校长参与了本部分内容的撰写，特此致谢。
③ 博尔诺夫.教育人类学[M].李其龙，等译.上海：华东师范大学出版社，1999：14-15.

这正是"学会生存"的核心意蕴。此时，教育必然要超越对考试分数、竞赛成绩的关注，必然聚焦人之所以为人的生命价值体认、人类特质的培养，突出人身心发展的和谐，追求个人与社会、族群关系的重建。

以常州市新北区龙虎塘实验小学为例，该校是"生命·实践"教育学派的合作学校，自2016年起，就一直在开展"你好，寒假！""你好，暑假！"的项目研究，[①]基于假期学生的多重角色，建构了育人目标体系，强调学生要成为会休息的人、会玩中学的人、会承担家庭责任的人、会融入社区的人，最终成为胜任多种角色的自我发展的人。随后，不论是在学校整体战略思想层面，还是在"延长寒假生活指导""线上升旗仪式"等具体实践层面，该校都在努力促成这一目标的实现。

而在具体的实践中，即便是在疫情期间，教师、家长同样不能替代学生的自主发展，因为学生的发展是通过其自主实践而实现，学生的素养发展也是以其主体性为前提。因此，案例学校强调在学生的自主参与中促成上述新目标的实现。一是推动个体的自我调整，自我创造。例如，指导学生重新规划自己的寒假生活、制订新的一周作息时间表、设计自我评价表等；尊重教师的主动性、创造性，支持教师坚守育人立场，不照搬各方资源，自主进行线上导学的恰切设计。二是通过适合疫情期间形势的组织建设，建立责任人与合作者的关系，推动全员参与，形成人与人之间的合作学习、共同创造关系，将每个人的发展相融通（见表3-1）。

表3-1 "加时"寒假中的组织建设和职责分工

组织类型	实践内容	家校社职责分工
基于物理空间的"家庭组织"	综合性：学习生活、家庭生活、健康生活……	• 学生进行规划、实施、评价等； • 家长提供建议、技能指导和其他方面的支持

[①] 李家成,顾惠芬.学生发展生态视域下的班主任领导力——基于常州市龙虎塘实验小学"班级成长导师团"的个案研究[J].教师发展研究,2019(1):69-78.

续表

组织类型	实践内容	家校社职责分工
基于互联网+的"线上玩伴团"	专题性：课程学习（班级群）、阅读、隔代互学、年俗探究、病毒防控、心理援建……	• 学生进行策划、实践、成果盘点；家长提供建议、后勤保障，与学生互学共玩； • 教师给予专业引领、点评，进行整体总结、反思，形成学术成果，提升影响力和辐射力
基于现实可能的"家庭+网络+志愿招募"的集成模式	社区治理，尤其是共打防疫战	• 学生、家长在家庭中提供实践样态、作品，分享至"线上玩伴团"； • 家委会、教师线上进行指导、点评、提炼和组织活动，并联系社区、社会工作人员或志愿者，将师生、家长的作品和"爱心"送至防疫一线，慰问现场的工作人员； • 政府部门、社会工作人员、学校、家庭协作，将活动成效以电视、报纸的报道，学校及街道的公众号发布等方式加以宣传、倡导

上述实践蕴含着清晰的价值追求，且因为假期和疫情，表现得更为鲜明和迫切。而教育就该如此。长久形成的教育惯性和功利化的教育实践，在本次危机后被进一步反思、重建。

2. 凸显教育过程的复杂性

联合国教科文组织前总干事马约尔曾指出："在朝向我们的生活的和行为的方式的根本变革而前进的过程中，在其最广泛的意义上的教育起着一个决定性的作用。……我们要接受的一个最困难的挑战将是改变我们的思维方式，使之能够面对形成我们世界的特点的日益增长的复杂性、变化的迅速性和不可预见性。"[1]

---

[1] 联合国教科文组织总干事作的序言[M]//莫兰.复杂性理论与教育问题.陈一壮,译.北京：北京大学出版社，2004：4.

常态中的教育也是一个复杂的体系，但原则上是可设计、可预见的，甚至显得机械，一切工作都可以按部就班地开展，包括循序渐进的课程、按时序开展的活动等。这无疑蕴含着教育工作者长久积淀下来的集体智慧，以体系化的方式稳定运行，体现出教育过程的连续性，适应着大规模、日常性的教育需要。

疫情在打断人们正常生活进程的同时，也让教育者们重新审视教育的非连续性。博尔诺夫一方面指出危机是造成教育非连续性的一个重要因素，且危机是不可能为人所主动地控制和消灭的；另一方面又强调教育过程是连续性和非连续性形式的统一。[①]疫情中的教育既要应对突发性的、前所未遇的危机大考，又要处理好与常态教育的关系，面临着极其复杂的挑战。案例学校在疫情期间的探索，着力点就在于立足复杂系统，采用复杂思维，探索疫情中开展教育实践的特殊过程。

首先，是推动应急与整体的自觉融通。学校将共同战"疫"这一应急工作融入以"互学共玩幸福年，'智'造街区新美好"为主题的原有寒假生活研究计划之中，将"防疫"这一内容开拓为一个新的研究专项，完善顶层设计，研制、发布了《阻击新冠病毒，智造宅家新生活——龙虎塘实验小学延时寒假指导攻略》的校本文件，由班主任引领学生、家长等据此调整寒假生活，实现了该阶段学校防疫工作和师生发展的综合、有序推进。

其次，是追求计划与生成的有效整合。学校的"寒假导学工作方案"不断根据形势变化进行调整，至本文写作时，学生还未正式返校，但该方案已进入第六阶段；每一阶段的调整都基于调研，精准策划。如面对家长复工的状况，学校先是组织了"学生寒假生活及自主学习情况"问卷调研，回收有效问卷2011份；学校对学生前阶段在家学习的情况、本阶段家庭支持情况变化、对线上导学的建议等进行了解；再在数据分析的基础上判断前期的哪

---

① 博尔诺夫.教育人类学[M].李其龙，等译.上海：华东师范大学出版社，1999：8-9.

些经验可以传承、出现了哪些新问题、下阶段怎样解决;随后,组织各类群体进行多轮讨论,最终形成"第四阶段的导学方案"。

再次,是促成危机与日常的相互滋养。案例学校推动了假期生活与学期生活的衔接转化,如将往常开学初举行的线下"学生寒假生活成果展评",转为在线上实施,推动学生、家长、教师对假期生活进行专项和整体总结;而这样的线上展评又引发了线上班队会、线上升旗仪式等,全校教育工作向学期初自然过渡,且推动着学生用自己的学习成果为当前和开学后的生活服务。案例学校继续推动品牌研究在前移后续中累进发展。例如,英语学科在疫情发生前已经开发了单元结构化的预习学案。疫情期间,师生们在此基础上进一步创造,以贴近生活的"学校课程大家谈""我的一周生活"等为主题统整,设计了以思维导图为主要形式的"词汇乐园"、以情境对话为主要形式的"句型城堡"、以模仿写作为主要形式的"综合性交流总结"三大板块,学习效果受到了学生和家长的一致好评。案例学校还以抗疫经验推动危机后的学校可持续发展,从疫情中暴露的短板和应对策略出发,组织了"危机领导力提升""隔代互学""线上学习与AI(人工智能)时代的教育"等专题成果提炼,进一步推动了学校内涵建设。

疫情中的教育在不断突破常态教育中的瓶颈,甚至不断开拓常态教育所忽视的"疆土"。疫情让每个教育者更深刻地感受到了改变思维方式这一最困难的挑战,呼唤着教育者在原因与结果之间、部分与整体之间、作用与被作用之间、当下与未来之间不断地建立连接,从而改变常态教育中只见树木不见森林、只看结果忽视过程、彼此割裂等状态,以复杂思维改造教育过程,恢复教育的灵动性,凸显教育的生机与活力,不断增强学生、教师、家长的创造性。

3. 凸显教育资源的丰富性

常态教育往往更依赖于编排好的课程、统一印发的教材、设计好的活动，教师往往被局限于具体的教学内容而难以融通不同主题、不同学科，班主任不认为自己所开展的基于生活、融入生活的班级建设是重要的教育工作，校长关心各类"课程"的建设，但对更丰富多样的学生家庭、社区和社区生活并不敏感。总之，教育资源常常局限于学校内部，甚至被确定的教学内容所限定，造成教育与生活脱离。

疫情危机的发生，与自然之道、社会之道密不可分；疫情的防控，与每个人的生命安全息息相关。这让疫情中的教育实践必然突破预设的轨道，有可能化问题为资源，化危机为空间，让"天地人事"的大教育意识得到强化。案例学校在疫情期间，就一直在如此探索着。

一是进行了教育资源的新开发。案例学校挖掘出"疫情"背后蕴藏的科普教育、健康教育、地球公民教育、思政教育、舆情教育等资源，化防疫行动为学习过程，开发了"自研自学，做科普小卫士""互学共玩，做家庭小卫士""互联共防，做街区小卫士"等序列活动，让学生既在疫情中学会自我保护、参与家庭防护、关注家校社共防，又在主题式教育活动中实现自主发展。

二是进行了资源的再融合。学校引导学生、家长、教师将以往开展假期活动和学习的主要载体——"玩伴团"，从线下为主转为"线上"为主，分三个层面：学校层面以骨干教师、种子家长为关键人，班级层面以班主任和任课教师为关键人，学生自组织层面以"玩伴团"小团长为关键人，其中学校层面的玩伴团活动成果又通过学校公众号形成一期期的"龙娃线上讲堂"，为班级层面和学生自组织的"玩伴团"活动提供结构和范式（见表3-2）。这样的系统架构和逐步推进的玩伴团活动，引领和促成了"防疫"序列活动与课程学习及原有的隔代互学、社区治理等专项整合，共同服务于本阶段的教育。

表3-2 "龙娃线上讲堂"(线上"玩伴团")主题推进一览表

阶段推进	主题	线上主持	阶段推进	主题	线上主持
阻击病毒,"智"造宅家新生活	爷爷奶奶,我们一起把口罩戴起来	骨干班主任	玩出自主学习新生活	制订"延时寒假计划",迎接自主学习新生活	学生发展处、课程处主任
	身边的防疫天使科普新冠肺炎防控知识	学生发展处副主任		线上诗词大会,崇尚传统文化	语文学科责任人
	诗意少年,礼赞白衣天使			探秘数学文化,走进数学游戏	数学学科责任人
	童诗童画敬勇者,故事会里话英雄			玩转英语网络课堂,激发英语学习兴趣	英语学科责任人
	玩出宅家新生活	学生发展处主任		奏响奇妙的音乐语言	音乐教研组组长
	大"疫"当前,用阅读武装自己			防疫有方,锻炼有度	体育教研组组长
	新冠肺炎,大自然发出的警告			众志成城来防疫,童心童"画"有力量	美术教研组组长

续表

阶段推进	主题	线上主持	阶段推进	主题	线上主持
阻击病毒，"智"造宅家新生活	垃圾分类，绿色生活	年级组组长1		大"疫"当前，大有可为——在疫情中学科学	科学教研组组长
	亲子劳动欢乐多，我是家庭小主人	家委会委员		网络文明小公民——不传谣、不造谣	信息教研组组长
	隔代互学，亲情浓，乐趣生	德育副校长	迎接学期午间新生活	与学期的班级午间项目融通，对前20期活动的收获进行总结，并用以策划开学后的午间生活，形成方案	班主任、班级任课教师
	不一样的元宵节，不一样的团圆	年级组组长2	团长直播，趣味生活全担当	学生自主申报，全面策划、主持、组织活动："我和父母换角色""词语接龙真有趣""大家来找碴"……	"玩伴团"小团长
			心怀天下，助力全球战"疫"	围绕全球疫情，以绘画、自创诗歌等形式，介绍防控经验，声援国外一线工作者，鼓励国外小朋友	家长、"玩伴团"小团长

  三是进行了资源的再建设。疫情期间学生的学习阵地主要在家庭，在家学习的家庭资源就变得尤为重要。案例学校从教育立场出发，推动全校师生、家长对家庭学习资源进行建设和运用（见图3-1）。

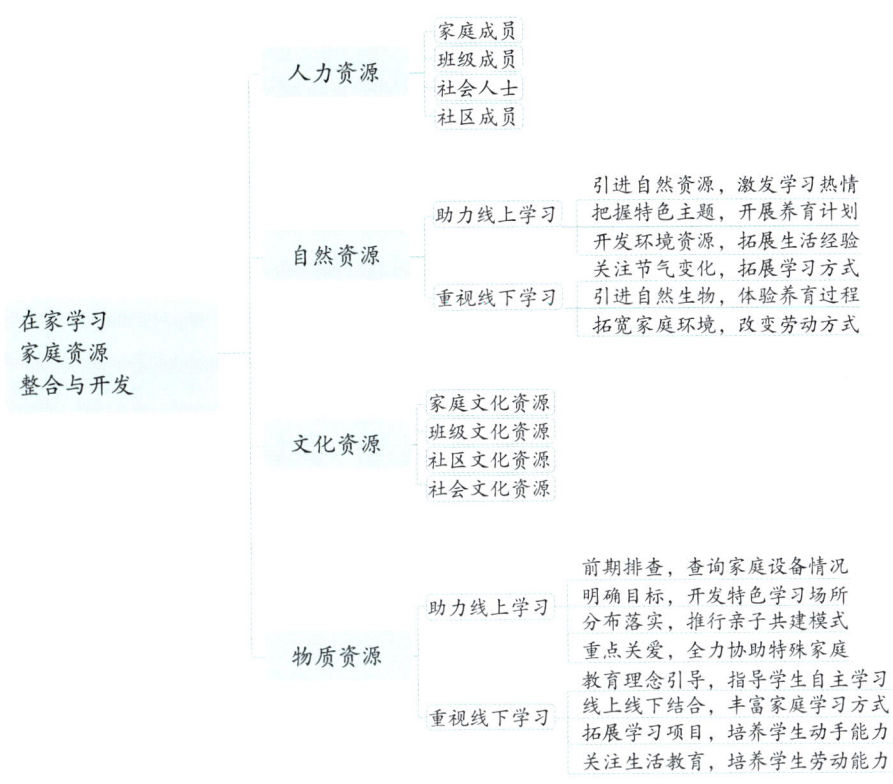

图3-1　在家学习家庭资源整合与开发

总之,通过这次的教育实践,我们重新看到教育与"天地人事"无比密切的联系,体悟到"教""天地人事"的迫切性和重要性,更意识到教育资源的丰富性、生成性,还认识到能发现、开发、转化教育资源的"教育者"的无比重要性。

4. 凸显教育品质的独特性

疫情危机下,学习空间向家庭转移,学习方式主要转变为线上,这不仅能为促成学生学习与生活融合、群性与个性结合等提供了时机,更可能因家人的共同"宅家"、互联网的无限开放而有效推动家长、学生、教师等组成各层面的学习共生体,多方人士合作成事,"共学互学、多学共进","关注'人人',更突出'人与人'",体现"人人可学"这一学习型社会建设所倡导的主体观。①

案例学校经过多年研究，已经形成了学生、家长、教师"三力驱动"，学校、家庭、社区资源"三环交融"的家校合作模式；②进而融入社区、社会人士的力量，拓展为"多力驱动、多环交融"的家校社合作形态；还建立了具有首创性的"龙虎塘街道学生寒暑假生活促进委员会"，自觉开展了"学习型街道建设"研究。③在战"役"寒假中，这一生态模式继续发挥作用（见图3-2），形成了"家庭+网络+志愿招募"的集成模式（见前表3-1），学生、家长、教师和社区、社会工作人员开展了多主体的合作，突破空间的限制，联通边界，体现了系统集成性，发展了疫情期间的"学习型街道"建设，各类主体继续"共学互学、多学共进"。

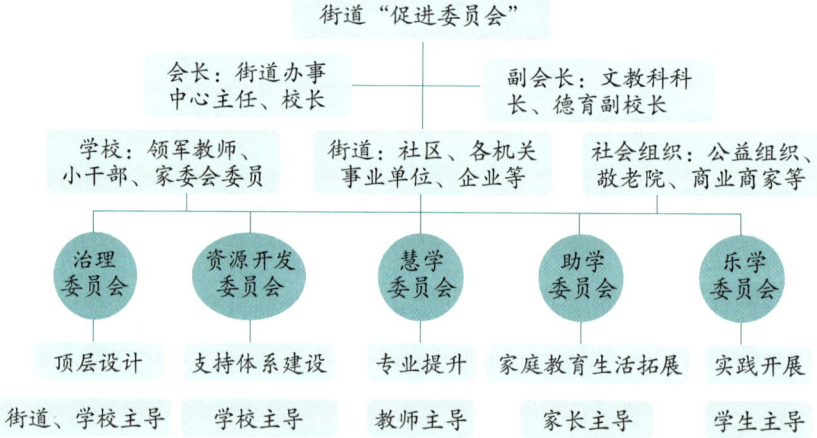

图3-2 "龙虎塘街道学生寒暑假生活促进委员会"的组织架构与运行

---

① 李家成，林进材.学习型社会建设背景下的寒假学习共生体研究[M].上海：上海交通大学出版社，2019：8.

② GU H, YIN L, LI J. Making Homework a Catalyst of Teacher-Parents-Children's Collaboration: A Teacher Research Study from an Elementary School in China[J]. International Journal about Parents in Education，2015（1）：47-65.

③ 顾惠芬.在假期生活中探索学习型街道的发展逻辑——以常州市龙虎塘实验小学参与社区治理实践为例[J].教育学术月刊，2019（10）：10-18.

学生在其中，不仅使自己在健康教育、科学教育、公民教育等方面获得进步，也为社会的防疫行动等做出了独特贡献；家长在其中，不仅每次活动都和孩子一起记录感悟，还能对"疫情中的家长参与""家庭教育提升"等主题进行反思并撰写相关论文；社区、社会人士在其中，感受到了家校社协同育人的价值，并和学校教师一起讨论"龙虎塘街道学生寒暑假生活促进委员会"的未来走向和优化路径。

上述实践强调了教育实践中多主体、多部门、跨组织的合作，不仅促成了学校和社会防疫工作共赢的局面，还通过共学互学促成了多元主体的发展。疫情期间的命运与共，使得这一合作制度高效运行，得到社区、社会人士的认可。这一切，将为危机后的日常教育如何在成事中成人、以成事促成人，并如何以家校社协同育人机制建设深化多主体的"命运共同体"意识，以成就更多人，提供了可借鉴的范式。

综上所述，当我们从教育学的立场审视疫情中的教育实践，可以发现以往常态教育中被忽视、被压抑、被边缘化的教育特质，可以直面教育的短板并更高效率地加以弥补，可以直面危机而创生更显教育本质特征的教育实践，形成更合理的教育思想。

危机，促成了教育本质的回归与突破，也应导向危机之后教育新的"自然而然"之境！

（三）充实富有"生命·实践"特征的当代中国终身教育研究

如果说，前文中我们突出了补短板、重当下，那么，下面继续讨论的是终身教育的整体建构与研究图景。

1. 将终身教育研究与人的美好生活融为一体

"人人、时时、处处、事事"为我们提供了理解、推动终身教育的结构，但这个结构本身也会变动、发展，也充满着具体个人性和动态生成性。终身教育归根结底是服务于人的,是扎根生活的。基于人的生活而研究、发展终身教育,是终身教育内在的要求,也将为终身教育发展提供源源不断的动力和资源。

叶澜所带领的研究团队中,也有学者聚焦社区教育,指出这一领域研究的重要意义:"就目前我国教育系统的整体构架而言,学校教育因其制度化、专门化且历史悠久最受重视,家庭教育因其经验或教训而广受关注和议论,成为研究的热门专题。相对而言,社区、社会教育起步晚,相关研究尚待聚焦、深入、持续开展,尤其是在当前终身教育、学习型社会、社会治理、新城市规划的时代背景中,社会治理细胞——社区的教育力及其提升,不仅是一个需要深入研究的理论问题,更是一个需要综合解决的现实问题。"①

终身教育研究者应将不同主体的丰富多彩、波澜壮阔的生活世界作为研究的内容,保持直面终身教育、参与终身教育、成就终身教育的行为。尽管在不同时期、不同地域,"终身教育"的实践表达会有差异,但绝不能放弃不断完善终身教育格局的努力。

在当前背景下,继续强化"人人、时时、处处、事事"这一整体结构意识,仍然是当务之急。

2. 将研究重心放在终身教育实践品质提升上

终身教育实践的魅力,尚未在当前的"终身教育"研究中呈现。我们很难读到对一个个具体的终身教育实践活动的深度分析,很难读到对各类型的实践活动的机制、关系、转化方式、价值实现方式等做出的更细致的分析。然而没有这些研究,再多的政策研究、理论研究,也难以转化为真实的终身教育实践的发展,也难以真正实现对人的终身发展的支持。

针对"成人教育理论""成人教育学"的发展,有学者认为:"成人教育

---

① 庞庆举.社会治理视野中的社区教育力及其提升研究[J].教育发展研究,2016,36(7):29.

的实践特点决定了该学科异于其他学科的独特之处,即该学科的研究将紧密联系社会发展的需求,体现时代发展的特色,其研究的领域、问题将会根据发展需求的变化、时代的更新而随时调整。"[1]更为具体的阐述和生动的实践,在终身教育研究领域中,还需要更多研究者的践行。这就必然要求研究者形成新的研究方法论,认真思考终身教育研究的对象、方法与路径,清晰研究的立场、视角,更将终身教育研究与教育学研究、中国哲学社会科学发展沟通起来。这需要的是叶澜所倡导的四个"读懂"、四份"自觉":"读懂时代,唤醒投身教育改革的自觉;读懂学校,明晰研究性质为整体转型的自觉;读懂教师,提升教师转型发展的自觉;读懂理论与实践的关系,双方致力于建构新型转化融通关系的探究自觉。"[2]

这就需要研究者锻炼对实践活动进行研究的能力。当研究者进入到体现"事事"的终身教育实践中,所有具体、复杂的情况,都将呈现;教育的真谛,就在其中;理论的创生,也就有了新基础。研究者的这种能力,也将在持续的研究实践中不断发展。

上述内容,在叶澜所开展的"新基础教育"研究中,都有一定的体现;她所形成的经验和成果,也足以让"终身教育"研究者学习、借鉴。

3. 将研究成果定位在"终身教育"的不断整体重构上

一方面是研究中高质量的成果梳理与积极建构。当前以论文、专著等方式发表或出版的成果,依然是有的,每一阶段也都有对相关文献进行的综述,尤其是相关综述手法的变化,使得可读性更强,各类"可视化"方法开始被采用。但这也蕴藏极大的风险,也就是说会淹没掉更多新思路、新观

---

[1] 孙立新,乐传永.嬗变与思考:成人教育理论研究70年[J].教育研究,2019,40(5):130.
[2] 叶澜.转化融通在合作研究中生成——四论教育理论与教育实践的关系[J].教育研究,2021(1):31-58.

点，重大的理论、政策与实践贡献，都不是可以仅仅用量化的方式来表达的。在此意义上，如何发现、尊重、持续开发相关成果的原创性，如何以高质量研究为指向和评价标准，需要在当前形成更明确的共识。

另一方面要积极发展更具有整体性的终身教育。研究中的努力方向与具体实践，在叶澜看来，无论在最初阶段还是认识阶段性完成时，"碎片"都有重要作用，不可或缺。当然，碎片不会自动变成系统，"成裘"的过程，要靠研究主体的独立思考和能力，不只是在结构化的意义上，而且是在最后形成的观点之个性化独特性上，在表达的风格上。[①]而这需要成为更多终身教育研究者、政策制定者和实践者的自觉，不断增强系统观念，不断通过创造性的劳动来实现终身教育整体形态、结构的发展，不断通过新生的力量促进终身教育理论、政策和实践的新生。

上述努力，也需要更自觉地在国际学术对话背景下展开。新时代中国的发展，不能离开国际背景，中国终身教育在此背景生态下存在与发展，自然会不断吸收国外的思想、经验，但也更能扎根中国大地，通过坚定的实践，通过对一件件终身教育之"事"的研究，来呈现中国终身教育的独特，并分享给更多国内外的同行。

"事事"之维使得终身教育的结构更为完整，也将使终身教育研究导向更精深的"教育"研究。

---

① 叶澜.絮言"碎片"[M]//叶澜.叶澜随笔读思录·俯仰间会悟.北京：中国人民大学出版社，2019：52.

第四章 社会教育力

> 社会发展要求实现终身教育，要求"社会教育力"的集聚与提升。[①]

——叶澜

"终身教育"与"学习化社会"是《学会生存——教育世界的今天和明天》这本经典著作最推崇的两大思想。我们在教育与社会发展的关系意义上进行探讨，就必然超越原有的学校教育的内涵，也就会呈现终身教育研究中新的内容。

与之可以形成对话状态的，是叶澜以"社会教育力"为主题的研究成果。该成果既可以直接与学习型社会研究相呼应，也引领着终身教育改革与发展的研究走向。

一、学习型社会建设的理论再探

人们惯性地将"学习型社会""学习型城市"研究纳入终身教育的范畴，如在一篇报道中，笔者提到，推进学习

[①] 叶澜."生命·实践"教育的信条[N].光明日报，2017-02-21(13).

型城市建设,是夯实终身教育体系的基础。①这在一定意义上反映着人们对终身教育研究领域之广的默认,也显现出对终身教育内涵之丰富、主体之多元的认可。

在国家政策层面,2019年《中共中央关于坚持和完善中国特色社会主义制度、推进国家治理体系和治理能力现代化若干重大问题的决定》提出了"构建服务全民终身学习的教育体系",要求"发挥网络教育和人工智能优势,创新教育和学习方式,加快发展面向每个人、适合每个人、更加开放灵活的教育体系,建设学习型社会"。2020年9月22日,习近平总书记在教育文化卫生体育领域专家代表座谈会上发表讲话,明确强调:"要完善全民终身学习推进机制,构建方式更加灵活、资源更加丰富、学习更加便捷的终身学习体系。"中共中央、国务院印发的《深化新时代教育评价改革总体方案》,也明确要求"探索开展高校服务全民终身学习情况评价,促进学习型社会建设"。

在理论研究中,这一主题也遍布在相关文献中。张永曾指出:"通过梳理国内外有关学习型社会的不同界定,可以发现存在着解字式和溯源式两种理解方式。"在信息时代的知识社会概念背景下,他认为"学习型社会概念的中心词是'学习',而不是'社会'。基于信息视角的学习型社会概念不再局限于学习概念的能量范式,而是强调学习概念的信息范式。学习概念的能量范式关注的是学习活动在空间、时间和资源上的拓展,而学习概念的信息范式关注的是信息和知识的开放与自由流通,关注的是知识、学习、文化等的多样性"②。朗格朗也曾指出:"但是,从长远来说,实现更美好的生活这个问题的唯一答案在于建立一个彻里彻外地渗透着终身教育原则的社会,

---

① 打造终身教育体系的"上海经验"[N].中国教育报,2019-12-10(1).
② 张永."学习型社会"界定的反思:基于信息空间理论的视角[J].教育学报,2011(2):26.

在于实施一种与社会的进步和成就紧密相连的教育。"①

但是,无论是"终身教育体系"还是"学习型社会"研究,其内涵与外延是否清晰?是否合理?

在一份文献综述中,有学者总结了1988—2019年我国学习型社会研究的关键词共现聚类分布情况(见表4-1)。②

表4-1 1988—2019年我国学习型社会研究的关键词共现聚类分布情况

聚类类别	大小	签词
终身学习	43	终身学习平台、国家资格框架、在线学习型社区、理念认同、实践推进、马克思主义学习、学习型政党、教育思潮、移动学习、资源开放、教育发展战略、社区教育中心、教育变革、终身学习型社会、全民教育等
图书馆	26	学习型社会、图书馆、学习型城市、学习型组织、全民阅读、可持续发展、经济、读者服务、开放大学、学习型图书馆、职业教育、产业化、成人、成人继续教育、发展战略等
学习型社会建设	21	学习型社会建设、终身教育、社区教育、高等教育、电大教育、以人为本、继续教育、成人学校、社会教育、现代远程教育、学习型城市建设、成人高等教育、学习型社会、终身学习体系等
学习型社区	8	学习型社区、学习型政党、西方学习型社会、在线学习型社区、期待、成就、建设、展望
老年教育	4	老年教育、学校、上海市、第三年龄教育

上述内容不可谓不丰富。但是,其内在的结构关系是否合理?其所使用的核心概念是否准确?理想的内容结构应有怎样的特征?这事实上都与"学习型社会"的概念理解有着直接的关系;而且,有关"学习型社会"的内涵研究,也是诸多理论研究、实践探索和政策更新的前提。

借鉴叶澜对经典作品的解读、重读方式,本节将集中分析联合国教科文

---

① 保尔·朗格朗.终身教育引论[M].周南照,陈树清,译.北京:中国对外翻译出版公司,1985:17.
② 侯怀银,尚瑞茜.学习型社会研究的现实图景与中国特色[J].现代远程教育研究,2020,32(6):55.

组织的经典文献《学会生存——教育世界的今天和明天》中对于"学习化社会"的论述，建立与后文的"社会教育力"对话的学术基础。

联合国教科文组织1972年发布了《学会生存——教育世界的今天和明天》报告，是终身教育研究领域得到全球公认的经典文献。该报告明确提出了"学习化社会"的理念。如此选择的原因，一是该著作在终身教育、学习型社会研究中的地位很高，被视为本领域的经典著作之一；二是因为该报告明确指出，根据这些理由，国际教育发展委员会特别强调两个基本观念：终身教育和学习化的社会[1]，明确倡导"向学习化社会前进"[2]。

该报告的内容丰富，但都可以联系"终身教育和学习化的社会"这两个核心加以理解，且二者也相互联系。本文限于篇幅，着重分析该报告中两处对学习型社会的集中表述及其思维方式。

（一）对富尔所写序言中相关内容的解读

富尔负责该报告的撰写。他曾两度担任法国总理，三次访华。1963年第二次访华时，他作为法国总统特使和我国达成建交协议。他在《学会生存——教育世界的今天和明天》序言中，针对"学校与学习化的社会"主题，指出：

> 根据这些理由，国际教育发展委员会特别强调两个基本观念：终身教育和学习化的社会。由于在校学习已经不能再构成一个明确的"整体"，而且也不能在一个学生开始走向成人生活之前（不管这时候他的智力发展水平如何以及他的年龄多大），先让他接受这种学习教育，因此教育体系必须全部重新加以考虑，而且我们对于这种教育体系所抱有

---

[1] 联合国教科文组织国际教育发展委员会. 学会生存——教育世界的今天和明天[M]. 华东师范大学比较教育研究所，译. 北京：教育科学出版社，1996：16.

[2] 同[1]：207.

的见解本身也必须重新加以评议。如果我们要学习的所有东西都必须不断地重新发明和日益更新，那么教学就变成了教育，而且就越来越变成了学习。如果学习包括一个人的整个一生（既指它的时间长度，也指它的各个方面），而且也包括全部的社会（既包括它的教育资源，也包括它的社会的和经济的资源），那么我们除了对"教育体系"进行必要的检修以外，还要继续前进，达到一个学习化社会的境界。①

这部分的论述，可分解为如下三个部分。

1. 根据这些理由，国际教育发展委员会特别强调两个基本观念：终身教育和学习化的社会。

2. 由于在校学习已经不能再构成一个明确的"整体"，而且也不能在一个学生开始走向成人生活之前（不管这时候他的智力发展水平如何以及他的年龄多大），先让他接受这种学习教育，因此教育体系必须全部重新加以考虑，而且我们对于这种教育体系所抱有的见解本身也必须重新加以评议。

3. 如果我们要学习的所有东西都必须不断地重新发明和日益更新，那么教学就变成了教育，而且就越来越变成了学习。如果学习包括一个人的整个一生（既指它的时间长度，也指它的各个方面），而且也包括全部的社会（既包括它的教育资源，也包括它的社会的和经济的资源），那么我们除了对"教育体系"进行必要的检修以外，还要继续前进，达到一个学习化社会的境界。

这里的结构，可以理解为"总—分"的论述结构。而有意思的是，对

---

① 联合国教科文组织国际教育发展委员会.学会生存——教育世界的今天和明天［M］.华东师范大学比较教育研究所，译.北京：教育科学出版社，1996：16.

"终身教育"和"学习化社会"的关系，有着一定意义上的转换或递进。这一转换的内在结构又在于：因强调终身教育而聚焦人的学习，之后拓展到人与社会之间的学习关系，再提出"学习化社会"的概念。在此，我们看到了"教育"与"学习"关系的转换，也是该报告持之以恒倡导的要让学习者成为教育中的主体的观点，与突出教育改革要激发学习者的主动性、创造性的观点相通。而一旦转化到"学习（者）"立场后，人与社会的关系就充满了学习关系，这同样也是该报告倡导的教育与生活、社会紧密结合的核心观点的具体表达。由此，社会与人的关系就会出现性质的改变，社会变成了"学习化的社会"。

在这一简要的论述中，核心的要点是突出终身教育视野下对人的学习的关注，突出人的学习的时间、空间、发生所不可缺失的社会基础，进而倡导形成人与社会的关系变革，转化为对学习化社会的倡导。

（二）对《学会生存——教育世界的今天和明天》中专篇的解读

如果说，上述分析是国际教育委员会前主席富尔个人的概括，那么，在该报告的正文中，有专篇论述——《学习化的社会：现在和未来》。[①] 该标题仅仅谈及"现在和未来"，没有提及"过去"，也呼应着前文所表达的：这是一个新的观点，甚至是"乌托邦"。

在该篇的表述中，有一段具有核心信息的内容，摘录如下：

> 社会与教育的关系，在其性质方面，正在发生变化。一个社会既然赋予教育这样重要的地位和这样崇高的价值，那么这个社会就应该有一个它应有的名称——我们称之为"学习化的社会"。这样一个社会的出现，只能把它理解为一个教育与社会、政治与经济组织（包括家庭单位

---

① 联合国教科文组织国际教育发展委员会. 学会生存——教育世界的今天和明天 [M]. 华东师范大学比较教育研究所，译. 北京：教育科学出版社，1996：199-205.

和公民生活)密切交织的过程。这就是说,每一个公民享有在任何情况之下都可以自由取得学习、训练和培养自己的各种手段,因此,从他自己的教育而言,它将基本上处于一个完全不同的地位。教育不再是一种义务,而是一种责任了。[①]

我们同样对其论述结果进行分析,形成如下结构:

1. 社会与教育的关系,在其性质方面,正在发生变化。

2. 一个社会既然赋予教育这样重要的地位和这样崇高的价值,那么这个社会就应该有一个它应有的名称——我们称之为"学习化的社会"。

3. 这样一个社会的出现,只能把它理解为一个教育与社会、政治与经济组织(包括家庭单位和公民生活)密切交织的过程。

4. 这就是说,每一个公民享有在任何情况之下都可以自由取得学习、训练和培养自己的各种手段,因此,从他自己的教育而言,它将基本上处于一个完全不同的地位。教育不再是一种义务,而是一种责任了。

这里,进一步突出了"学习化社会"是定位在"社会与教育的关系性质"上。那么,这一关系在其性质方面,在"学习型社会"的视野下,会发生怎样的变化?结合其前后文,我们可以得出如下结论。

一是突出学习主体。该报告强调:"虽然一个人正在不断地受教育,但他越来越不成为对象,而越来越成为主体了。"[②]"教育必然是从学习者本人

[①] 联合国教科文组织国际教育发展委员会.学会生存——教育世界的今天和明天[M].华东师范大学比较教育研究所,译.北京:教育科学出版社,1996:200-203.

[②] 同①:200.

出发的。"①

二是强调整体。该报告强调："但是我们越来越不能说，社会的教育功能乃是学校的特权。所有的部门——政府机关、工业、交通运输——都必须参与教育工作。地方共同体和国家共同体都显然是具有教育作用的机构。"②报告一以贯之地反对以"学校教育"替代"教育"，该报告同样反对激进的思维和观点，也因此，从建设性的角度，更加倡导进一步拓展、丰富原有的学校教育，由此形成对"社会"所具有的教育性的关注。

三是坚持教育的人文主义价值取向和目标。如该篇文章中难得一见的反问句："现在社会难道不应该把'学习实现自我'，即人的教育，放在最优先的地位吗？"③作为读者，一定能读出这种强烈的人文气息，这甚至在该报告的呈送报告中，被提炼为"一开始便构成我们工作的基础"的第三个基本设想："人类发展的目的在于使人日臻完善；使他的人格丰富多彩，表达方式复杂多样；使他作为一个人，作为一个家庭和社会的成员，作为一个公民和生产者、技术发明者和有创造性的理想家，来承担各种不同的责任。"④这一论述，事实上将极大丰富我们对"学习化社会"的理解，也就是人与社会的教育关系，就在于融合在人的各类社会角色中的教育，就在于社会各部门与人的各种角色得以完善和发展，与之相关的人格、表达方式得以发展。

（三）重组相关观点后对"学习型社会"的再表达

如果结合上述两部分内容，对于《学会生存——教育世界的今天和明天》所倡导的"学习化的社会"的观点的内在结构或思维方式，可以做出如下判断。

---

①② 联合国教科文组织国际教育发展委员会. 学会生存——教育世界的今天和明天[M]. 华东师范大学比较教育研究所，译. 北京：教育科学出版社，1996：201.

③ 同①：202.

④ 同①：2.

1. 学习型社会是将人的教育放在最优先地位的社会

这是就建立起人与社会的新关系而言，高度肯定人的教育在社会中的最优先地位，高度突出社会的人文性或为人性。自然，需要补充的是，人也将促成社会的变化与发展，这一观点也同样蕴含在《学会生存——教育世界的今天和明天》报告中强调的"为一个尚未到来的社会培养新人"的具体观点中，也反映着复杂科学中的人的主体观。

在当前中国学习型社会建设的政策取向中，教育主管领导也进一步强调了这一思想的当代表达，认为"建设高质量教育体系是坚持以人民为中心的必然要求"，认为"建设高质量教育体系，就是坚持以人民为中心发展教育事业，使教育事业为提高人民思想道德素质、科学文化素质和身心健康素质提供可靠保证，切实做到发展为了人民，发展依靠人民，发展成果由人民共享，不断满足人民日益增长的美好生活需要"[①]。这一坚定的政治宣言和教育政策，从学习型社会建设角度看，是不可缺失的，也是为当代中国进一步发展、践行着的。

2. 学习型社会是各部门、各领域自觉促进人的全面发展的社会

在学习型社会中，社会中的各部门、各领域所开展的工作都自觉与人的生活、人的发展相沟通，丰富、发展人的多方面潜能，且形成一个整体的人、全面发展的人的社会。

人的学习是学习型社会存在的核心依据。而人的学习需要拓展到全社会，也就是人的全部的生活领域中，与人的所有角色相沟通、与人的生活时空几乎同边界，从教育的角度看，也就是社会生活的各个方面的教育功能的发挥。因此，学习化社会建设中，不仅要坚持这种基于人的生活、角色、学习的思想，而且要坚持联系观、整体观（各个部门需要在这一点上实现

---

① 陈宝生.建设高质量教育体系［N］.光明日报，2020-11-10（13）.

统一，形成整体协调状态），因为人本身具有整体性，人的全面发展需要整体性。

这一思想，在我国学习型社会建设实践中，有进一步的表达。《中共中央关于制定国民经济和社会发展第十四个五年规划和二〇三五年远景目标的建议》中，在到2035年基本实现社会主义现代化远景目标的设计中，最终落脚点就在于"人民生活更加美好，人的全面发展、全体人民共同富裕取得更为明显的实质性进展"。①

联系到各个领域的目标和具体实践，在建设创新型国家，建成现代化经济体系，基本建成法治国家、法治政府、法治社会；建成文化强国、教育强国、人才强国、体育强国、健康中国，国民素质和社会文明程度达到新高度，国家文化软实力显著增强，广泛形成绿色生产生活方式等领域，都必然涉及国民素质的提升，关涉各领域发展与人的全面发展关系的确立。因此，就学习型社会建设而言，我国在政治、经济、文化、社会、生态等领域的发展，都对人的学习、发展提出新要求，并同时提供新条件。而各领域的发展，都在创新、协调、绿色、开放、共享五大新发展理念指导下进行，都围绕着以人民为中心的发展思想，体现着不断满足人民对美好生活的向往和需求这一价值基点。

3. 学习型社会是真正实现人作为学习主体、实现"学会生存"的社会

是否最终真正实现了学习？这是必须要关注的，也是最终的落脚点。因为《学会生存——教育世界的今天和明天》这一报告展开论述的基础，就在于真正实现人的全面发展，"能够培养完善的人"，或对于个体而言，需要终身学习如何去建立一个不断演进的知识体系——"学会生存"。因此，学

---

① 中国政府网.中共中央关于制定国民经济和社会发展第十四个五年规划和二〇三五年远景目标的建议［EB/OL］.［2020-11-05］. http：//www.gov.cn/zhengce/2020-11/03/content_5556991.htm.

习化社会的建设，最终落实在人的"学会生存"上，也必然会呈现出具体性、动态性、生成性。具体性是指具体个人的学习、生活与发展的关注；动态性是指这是一个持续终身的过程；生成性在于不断"建立一个不断演进的知识体系"，是不断在人与社会的互动中实现发展的。

习近平总书记于 2020 年 9 月 22 日在教育文化卫生体育领域专家代表座谈会上发表重要讲话，他指出："要完善全民终身学习推进机制，构建方式更加灵活、资源更加丰富、学习更加便捷的终身学习体系。"这一要求，也是学习型社会的内在要求，更是中国学习型社会的创新实践，必将形成在学习型社会建设与研究领域富有中国特色的中国智慧、中国方案、中国力量。

二、叶澜有关社会教育力的思想

叶澜在《中国教育科学》2016 年第 3 辑发表了《终身教育视界：当代中国社会教育力的聚通与提升》长文，在《课程·教材·教法》2016 年第 10 期再次发表《社会教育力：概念、现状与未来指向》专文。这标志着叶澜有关社会教育力的研究成果明确形成。

早在 2009 年，她开始主持华东师范大学课题研究"当代中国社会发展的教育基础及其改造"，并在 2011 年 6 月 22 日举行的研讨会上提出：社会发展需要一把"教育尺度"来衡量。在此之后，叶澜继续带领课题组成员集中研究，在正式发表上述成果之前，她带队先后赴浙江镇海、江苏常州、山东曲阜和临朐、广东深圳、河南安阳等地开展实地调研，与调研单位相关负责人座谈 20 余次，对社会各界如何认识和承担"社会的教育责任"进行了多方面实地了解和深入体悟。在 2016 年发表的一文中，她发出呼吁："社会生态的改善，就目前而言，需形成如下共识：基础教育发展是社会共同的事业，没有旁观者和局外人；尽管各自所尽之责不同，但人人有责；中国社会发展需要将形成对儿童青少年健康成长、学校教育健康发展友善的生态作为重要目标之一。"①在该研究成果正式公布后,她持续关注,并在相关成果中继续强调、深化,且在有关博物馆等场馆的教育资源开发方面提交专题报告,直接影响决策和实践变革。

叶澜有关社会教育力的研究,是在"终身教育视界"下直接展开的。本章重点从以下几方面解读叶澜有关社会教育力的思想。

(一)对当代"教育与社会"关系的再审视

叶澜指出:"努力读懂当代中国,是我们把'社会教育力'当作课题研究对象必须做的'功课',也只有在读中国社会的全局中,我们才能思考'教育与社会'在今日应该和可能建立的关系。"②类似于20世纪90年代她感受到的时代精神及其带给教育改革的巨大动力和条件变化,在聚焦社会教育力主题时,她清晰地将之界定为"教育与社会"的关系维度,也由此展开了一段独特的思维之旅。叶澜清晰地表达道:"不读懂政府的顶层设计,是无法读懂当代中国的";同时,"要读懂中国还必须了解实践状态、民情舆情";而且,研究者深入其中,"同时还运用自身亲历和发生在周围可经验事实的体验、判断,逐渐综合形成自己对现实中国情况的体认,进而结合'十三五纲要'的解读,发现和认识当代中国社会发展的教育需求和社会内蕴的教育力量"。这一自觉的方法论,使得叶澜体会到研究过程的特殊性:"这是一个漫长又时常引起我们兴奋和深思的研究过程,是一个'由大见小'和'由小见大'的两种认识路线不断交叉、互证、互斥又互合的反复过程,是一个学习在文化多元、信息碎片、复杂多变、丰富又零乱的当今现实中国

---

① 叶澜. 改善生态 认清特质 审视决策[M]//叶澜. 俯仰间会悟:叶澜随笔读思录. 北京:中国人民大学出版社,2019:128.
② 叶澜. 终身教育视界:当代中国社会教育力的聚通与提升[J]. 中国教育科学,2016(3):48.(本章第二节所分析的内容,主要依据该文。因此,除注明外,相关引用都来自本文,后文中不再一一说明。)

境遇下，如何研究社会、教育，以及社会与教育的现实关系、可能关系和理想合理关系的过程，是一个繁难、极有挑战，又因此而获得成长感的过程。也许，还可以称其为当今中国教育研究方法的一次新尝试的过程。"

通过研究，叶澜提出："在创造与问题的博弈中，走出中国社会由传统向现代化的转型之路，是我们研究后得出的'当代中国社会发展特征'的概括性表达。"在对相关发展问题的性质、类型进行分析后，她坚定地认为："而创造，在某种意义上，是应破问题之局而生，以发展的近景、中景和远景作目标。创造能否成功，在相当程度上取决于对问题及其原因的透析度：是否把握全局，是否抓住根本，是否知其来龙去脉。做到这一点，方有可能生出破解问题的智慧，走出困境，打开、创生新局面。"她继续以"十三五纲要"提出的"发展理念"为主线，结合现实问题与创新策划，就当代中国社会、教育及其关系，做出简要阐述和评论。这一研究方式，有着之前研究的延续，也更将在方法论意义上启示更多终身教育研究者的研究工作。她以教育学家独特的敏感，聚焦"发展理念"中的"创新""协调""绿色""开放""共享"五个概念，认为其都蕴含着对现存问题的反思和发展希求的诉说，可以由之入手而读懂今日中国。当在2021年继续解读叶澜的终身教育思想时，结合我国社会及教育发展的最新使命、目标和战略，我们不由得更尊重这样的研究方法论。

《中国共产党第十九届中央委员会第五次全体会议公报》明确提出了"十四五"时期经济社会发展指导思想和必须遵循的原则，要求"坚定不移贯彻创新、协调、绿色、开放、共享的新发展理念"，要求"以推动高质量发展为主题，以深化供给侧结构性改革为主线，以改革创新为根本动力，以满足人民日益增长的美好生活需要为根本目的"等。[1]党和国家领导人在各类场合对上述新理念的强调，也更启示终身教育研究者务必保持对时代发展

---

[1] 中国政府网. 中国共产党第十九届中央委员会第五次全体会议公报[EB/OL]. [2021-01-10]. http://www.gov.cn/xinwen/2020-10/29/content_5555877.htm.

的敏感性,保持"读懂中国"的自觉性,不断锻炼和发展这方面的能力。

叶澜通过研究,进一步得出如下认识:

> 正是在上述研究、分析、解读之中,我们越来越清楚地认识到:今日中国社会的发展,不仅儿童、青少年需要教育,成人,包括老年人,同样或者说更需要教育;不仅社会的发展需要加强贯穿于个体从生到死的生命全程的教育,而且社会,也只有依靠全社会的力量,才能形成教育人、促进人不断超越自我,实现终身发展的现代教育体系大格局。现代教育体系大格局的形成,不仅需要依靠全社会的力量,而且全社会事实上蕴含着这种力量。只是这种力量尚未完全开发,更谈不上自觉开发,大量的还处于自发、分散、局部起作用的状态。更值得引起关注的是,在社会主流价值导向力尚不足的情况下,一些社会力量发挥的是消极、使人性之恶被激活的作用。

这段表述,内容非常丰富,观点鲜明、结构清晰。她意识到全社会的每个人都需要受教育,这就在直接的对象意义上,确认了所有人、人的一生与教育的关系,同时,为实现这样的教育,必须依靠全社会的力量。以其所关注的潜在性、可能性的理解,她认为,全社会是蕴藏着这样的力量的,否则,也没有必要提出这样的思想和方向。但也因此显得迫切的,是当前自觉开发的意识和能力的不足,各类负面影响也是存在的。

叶澜总结道:"正是这些发现和认识,使我们更强烈地意识到并坚信:完全有必要对当代中国的社会教育力做分析研究,使它成为中国社会奔小康不可或缺的必议之题。"也许可以补充的,是这样的分析、理解,不仅体现出研究社会教育力的必要性,而且呈现了可能性,更增强了紧迫性。

带着这份理解和责任感,就可以进一步回答"社会教育力"的内涵问题了。

（二）社会教育力的内涵阐释

基于前文对儿童、青少年、成人（包括老年人）等需要教育的理解，对加强贯穿于个体从生到死的生命全程的教育的认识，特别是从人的教育与社会的关系角度出发，就需要提出问题：如何以概念来提炼这样的问题或对象？叶澜以"社会教育力"来概括，认为"'社会教育力'是指社会所具有的教育力量"。她比较了"社会的教育的力""社会教育的力""社会的教育力"等表达，特别强调不能简单地从"社会教育"这一类型的教育出发，而需要坚定地认识、理解"社会"这一核心概念，因此，这是一个超越、包含"社会教育"的力量，但外延更广、结构更复杂的概念。鉴于"社会教育力"的力量之源来自社会，但作用的体现，是在人身上，因此，叶澜将"包括一切教育活动（正规与非正规的，可称之为教育的活动）所产生的、对人身心发展起作用的力量"称为"教育作用力"，将"包括人类其他社会活动中客观存在的、对人身心发展有影响的力量"称为"教育影响力"。这一区分，既明晰了具体的构成，也强调了"教育力"的力的形态表达与作用对象，"它们都作用于作为个体的每个人一生的发展"。

叶澜以图示（见图4-1）呈现了对"社会教育力"的结构表达，也通过论述，呈现了如下几方面的内涵探讨。

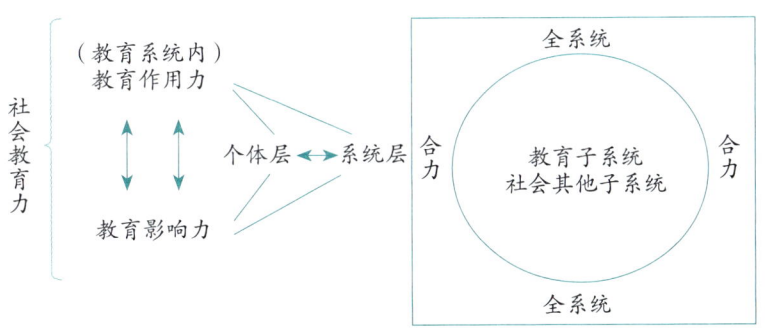

图4-1 社会教育力的内构成与层结构

1. 教育系统之内外构成的整体

叶澜强调：在人类社会发展的不同阶段，有不同的构成。当代的社会教育力，由教育系统内正规和非正规开展的教育活动所生成的"教育作用力"，以及教育系统外其他各类社会系统进行的活动所内含的"教育影响力"两大部分构成。这一区分，直接承接叶澜对"教育"的内涵理解，和对人的发展的理解。在她看来，教育系统内与外密切相连，但区别也是明显的。

就教育力的生成源而言，有教育活动与非教育活动之别。作为人类文化发展的结晶，以学校教育、家庭教育、社区教育等构成的教育系统有着鲜明的目的性，是典型的人类有意识活动的产物，甚至在学校教育系统中，还发展起完备的课程和完善的教学体系，由专业的教师开展专业性的教育教学活动。而人在社会生活的其他领域中，也会因各种类型的参与，使相关活动具有了教育影响力，也对人的发展产生了影响。但正是因为不具有教育的有意识性，其尚未成为教育系统的构成。

就教育力的发生主体而言，叶澜认为，二者的差别体现为活动者（无论作用者与接受者）有无清晰的教、学意识之别。这不仅对于教育者，而且对于受教育者而言，都是重要的。当教者有着清晰的教的意识、学者有着清晰的学的意识，就真正建立起来自觉的、有意识的教育关系，反之，则是其他类型的活动。

就教育力作用的时空表达而言，有集聚与弥散、相对固定和流动、随机性强弱之别；就教育力的作用效果而言，有显著可测性和模糊累成性之别。这二者的区别，依据教育力的源泉、主体是否具有清晰的意识。在一定意义上，人的自觉意识是人性宝贵之处。有思想家如此表达："一个真正的发现之旅不是寻找新的土地，而是获得新的目光。"[①] 也有学者强调："任何

[①] 埃德加·莫兰.复杂性理论与教育问题[M].陈一壮，译.北京：北京大学出版社，2004：198.

一次意识领悟都是一次意识的扩展,一束光亮的聚射,一次心理统一性的增强。"①当教育者与受教育者都清晰、自觉地意识到教育的存在,进入教育关系中,使教育行为得以产生时,其教育力一般而言,会更积聚、更稳定、更显著可测。

上述一系列的区分,对于终身教育研究而言,事实上是为使其边界清晰,避免无限扩展,也是为凸显本质,因为更多的"教育影响力"通过自觉、有意识的努力,就可能转化为"教育作用力",教育系统本身的内涵和外延也会进一步发生变化。而联系到当前学习型城市、学习型乡村建设的相关内容,确认边界并理解边界的可变动性,依然是有意义的。否则,就很容易使教育的立场游移,使终身教育的成果不稳定,也会因为过度的"拿来主义"和"跟班"行为伤害终身教育本身的研究与实践成果。

2. 个体与社会两个层面的沟通联系

叶澜强调,"社会教育力"又以分析单位的区别分为两大层面。这与叶澜早期就形成的认识、理解教育的结构有直接的联系,也能读出与前几章我们所分析的相关内容的联系。在她的研究中,人、社会、教育的关系,一直不断交融、相互促进、不断深化,在既有区分又相联系的意义上不断实现综合创生。

叶澜认为,在社会系统层面上,以不同系统作为分析单位,以及作为社会全系统所具有的社会教育力,统称为"系统社会教育力"。而在以个体的人为分析单位的层面上,贯穿于每个人一生生命实践之"时时、处处、事事"所构成的社会教育力可称为"个体社会教育力"。

如图4-1所示,我们可以清晰地看到两类作用力的存在和相互关系。鉴于从人出发来理解社会教育力的维度,直接承接前文中有关人的发展理论,

---

① 加斯东·巴什拉.梦想的诗学[M].刘自强,译.北京:生活·读书·新知三联书店,1996:7.

叶澜突出"社会教育力"的本意，也在于突出"教育与社会"关系的性质变迁，因此，我们更应该留意其"社会全系统"的意识或指向。

上述区分的价值，使得"社会教育力"的内涵得以层次化、清晰化。她认为，个体教育力是社会教育力的构成，且是其基础性和具有终极价值的构成。同时，叶澜指出，个体教育力还不足以构成社会教育力的全部，它还只是个体层面的社会教育力之概括。而正是"系统教育力"的提出，使我们可通过实存的各领域机构及其所尽教育责任的程度和结果，来研究和把握社会教育力。

叶澜强调这一层次的社会教育力分析单位是系统，即"组成社会的不同系统和社会全系统，其责任主体是系统的责任人系列"。她多次强调，不能仅仅要求教育系统服务社会，而要突出全社会所需要承担的教育责任。在这一意义上，从所有的政府部门，到社会经济各领域，以至到人所生活于其中的所有时空，都需要从其具有的教育力、承担的教育责任意义上加以反思。也是由此出发，叶澜又分析了当前我国社会教育力发展的状态与问题。

叶澜强调这是分析单位的变化，也是在社会层面探讨教育问题的具体化。从理论研究出发，她进一步分析了系统教育力与个体教育力的区别，但在本章中，我们更要关注她开展本专题的调查研究时所涉及的部门、领域，我们也更能理解，这是针对不同于教育系统内部、个体等认识单元的，是有意识地将全社会作为研究对象的。也因此，社会教育力的研究就具备了与"学习型社会"直接对话的内在基础。

3. 潜在与实存的相互转化

叶澜明确指出："'社会教育力'的存在有潜在和实存两种可双向转换的不同形态。"这一观点非常重要，限于篇幅，叶澜在专题论文中展开论述并不多。但我们结合叶澜对于人的发展的可能性因素与现实性因素的讨论，结合她对于理想与现实关系的理解，不难发现，这对社会教育力的实现与发展,有着特殊的意义。叶澜也在该项研究的专题论文结尾处写道:"中国教育事业的发展人人有责,中国社会教育力的发展人人有责,唯有具备这样的责任自觉,中国教育和社会教育力才有真正令人欢欣的明天。"

在研究的气质与取向方面,叶澜的研究从不缺乏面向未来、主动创造未来的特质。叶澜从社会教育力的内涵特征出发,在逻辑与现实的双重意义上考虑当前我国社会教育力的发展状态与发展方向,思考改进策略等问题。

(三)当代中国社会教育力的实存状态

叶澜用"半醒半梦"一词描绘了她对当前我国社会教育力实存状态的判断,认为"半醒"意味着当代中国社会教育力的意识正在觉醒,并处于蓬勃生长、积极探索,各种力时而相合时而相冲,尚未成序之半清醒状态;"半梦"之处,是指"社会教育力"尚未开蒙之处,它意味着当代中国社会教育力有极大的生长空间和完善余地。

1. 对"教育作用力"之实存状态的判断

在分析义务教育发展、高中教育发展、高等教育发展的基础上,她仔细分析了尚未获得或完成相关正规教育的人的发展状态,集中讨论了一系列问题,如反思了当前教育价值取向的实用功利性太强;忧虑于"在这样的校内外机构、家长与学校合成的'作用力'下,许多孩子的眼睛不再发光,疲惫、无奈的神情常常挂在脸上";关注了大学的教学、科研等活动对学生成长和发展、专业化水平提高等作用力呈下降趋势等现象。

对上述问题的讨论,可以在教育系统内部展开,而且相关政策也是指向教育系统的变革。但正是在社会教育力的理论指导下,叶澜认为:

> 特别需要强调的是:造成这种势态,并不只是学校教育观念和教育作为之力,还有家庭教育、社会培训机构等系统内非正规教育之力,

然而，更根本的是，这与我国现在的城乡二元化体制（进入城市大学是改变农村户口的第一步）、经济社会地位和社会公共福利待遇的巨大差异（这关系到个人的生活保障），以及在政府机构、企事业单位招员中，都依人事部门（或单位、或地方、或中央）的要求，达到基本学历标准，优先录取"名牌"大学毕业生密切相关（有些单位招聘时，还按人事处规定，不仅看最终学历，若是研究生毕业，还要查本科是哪类大学——是否"211""985"大学、哪类中学——是否省、市重点高中毕业，这种以出身论高下的思路和规定，让人联想起"文化大革命"中查"三代"的极左路线）。问题可能不止这些，但这些已足以说明：教育、学校系统的正向教育作用力能否发挥，在根本上与国家经济体制、人事制度、就业制度和工资福利待遇政策等一系列宏观层面的改革问题相关，它们构成了学校和每个人的社会生存外环境，而这些环境是教育、学校系统或个体所无力改变的。[1]

由此可见，当前中国教育要改变长期受"应试"控制的局面，需要教育系统内部的一系列改革：从招生考试、课程改革、加强德育和其他思想教育、正常开展学校各类活动、学校整体改革，直至学校教育制度整体结构性改革，实现教育均衡（尤其是向农村和薄弱地区倾斜等）政策等，而且这些改革不可能由教育系统外的主体代替，也不应以外在环境问题为由而不作为。

叶澜明确表示："系统内的改革不足以动摇把'学校'和'个体'驱向应试之道的强大制度制约力量、社会舆论风气等所形成的社会生态环境之负教育影响力。正是从这个意义上，我们认为，改变当前教育中不利于学生身心发展及社会期望的人才培养的应试问题，是全社会（包括政府各部门方

---

[1] 叶澜.终身教育视界：当代中国社会教育力的聚通与提升[J].中国教育科学，2016（3）：63.

针、政策的制定与执行）的责任。只有全社会认清自己在强化应试上起了什么实际作用，在哪个关节点上起了别的主体不可能起的作用，由此必须承担起改变的责任；只有教育内外的作用力和影响力不仅各尽其责，而且能在价值取向上形成共识，在教育力上形成相嵌、链接、互补、共生的合力，应试教育的局面才有可能在根本上得到扭转。社会教育力中的教育作用力，才会得到正向的高质增强。"

上述判断对于当前继续深化教育系统的变革，促成以学校教育为核心的教育体系的完善、发展，有着重要意义。

2. 对"教育影响力"发展状态的判断

针对"教育影响力"领域，叶澜认为，当前可以看到一些蓬勃生长的情境，这与近年来加强社会精神文明建设，政府自觉加速推进新型城市建设和现代化农业与乡镇建设直接相关。她重点分析了"全民阅读"和"志愿者活动"。而更为难得的研究活动，是她带领课题组成员在浙江省宁波市镇海区等地做过多次接触面广的现场调查，与相关人员座谈，"从而切实感受到社会中蕴含着巨大的教育能量，凡意识到自己教育责任的基层组织和骨干成员、积极分子，都真心用情地投入到社区建设中，包括支持学校的校外活动、组织青少年节假日活动、开展老年人养老服务，乃至犯罪人员服刑后的继续帮教等，十分丰富且细致，富有创造活力。他们善于从本地实际生活生产中发现、开发、聚焦、沟通各种教育资源的智慧，常常让我们惊喜、叹服，并唤醒反思过去在教育研究中对社会教育影响力研究的严重缺失问题"。这段表达的背后，是扎实的研究活动和更有生长力的研究自觉。这样的研究活动的开展，使得叶澜能直面现实、发现问题，能在真实、丰富的现实世界发现创造未来的力量，感受终身教育事业发展的生机与活力。

当我们继续认识、理解各类教育影响力状态时，会更全面地看到丰富的发展状态，也有着在职工教育、社区教育、学习型城市、学习型乡村等多领域、多层面的探索。尤其值得关注的,是建设学习型社会一直是政策关注的重点,也迫切需要在理论、政策和实践等领域有新发展。特别是党的十九届四中全会明确提出"构建服务全民终身学习的教育体系",要求"加快发展面向每个人、适合每个人、更加开放灵活的教育体系,建设学习型社会"。这事实上在强烈呼唤本领域的新研究、新成果。

叶澜在之后的研究中,进一步将各类思想写入"信条",明确指出:"社会发展要求实现终身教育,要求'社会教育力'的集聚与提升。"[①]她强调:教育是全社会的事业,一个好社会不能不尊重教育。终身教育是衡量当代社会发展的教育尺度,它以促进人的多方面终身发展和人格完善,创造更富有意义的人生和更美好的世界为价值取向;以化入人生全程、化入社会各域的社会教育力为特征,体现在社会中"人人、时时、处处、事事"都内含着教育的价值和力量。"社会教育力"不是指狭义的社会教育的力量,而是整个社会(包括学校内外)各个系统的教育力。[②]

这份理解、信念,这种期待与研究性的投入,能否引起"终身教育"研究者的充分关注、实现更高质量的对话?能否在未来不断探索、发展?这就需要更持续的研究力量和更大的研究合力的形成。但,社会会继续向前发展,终身教育事业也会继续向前发展。研究者在其中的反思、策划、呼唤、投入,也都会成为促成新未来更高质量到来的力量之一。

三、社会教育力聚通与提升的持续研究

对于社会教育力的研究,叶澜提出要"在聚通与提升中实现发展自觉"。

就"聚通"而言,她认为这是指社会教育力的发展要逐渐改变相对孤立

---

①② 叶澜."生命·实践"教育的信条[N].光明日报,2017-02-21(13).

的线、块和条块间尚缺乏聚集与沟通的"星星之火"局面。在今后发展中，除了扩大"星火"的面积和辐射热量的能力，还要自觉建立起力与力之间的内外网络状架构，经聚集，不只是同类聚集，还需要异类相关聚集，加强渠道的沟通和链接，以实现更大能量的传递与互动，激发出新的能量，最终使社会教育力成燎原之势，成为真正"时时、处处、事事"都存在的社会、教育事业自身发展，以及每个人身心发展都需要且能获得的强大动力。

就"提升"而言，她认为当前我国"社会教育力"的发展还处在初级状态，无论其"强度"还是"品质"都需要进一步提升，且有很大的提升空间。就"发展自觉"而言，她认为这是指与"社会教育力"发展相关者对其自身发展以及发展"社会教育力"的自觉。任何事物的真正发展都与人的自觉努力相关，每个从事者在行事过程中实现自我的发展自觉，这本身就是社会教育力期待达到的最高境界。

而这样的发展使命如何不断实现？终身教育研究者从叶澜的研究中，可以获得怎样的新动力、新思路、新方向？此处可继续从如下几个改革单元谈起。

（一）加强家校社协同育人

就教育作用力而言，学校教育、家庭教育、社区教育的协同，一直为教育研究与教育实践领域所期待，却一直没有实质性发展。就社会教育力的整合、提升而言，三者的协同需要在新时代有新进展，而且，也将通过这种领域的变革，在微观层面综合体现社会教育力研究的特征。

1. 多主体在家校社协同中受益

教育存在于具体的人的全时空中。一个孩子所接受的教育，始自家庭，并贯穿于其一生的家庭生活中；也发生在社区中，因为来自社区机构、社区人员主动的教育影响，会深刻影响他的认知、情感与社会性发展等；进入学校教育中后，他就会在专业教师的教导下，更充分和专注地追求成长，并将教育影响延续终身。因此，通过学校、家庭、社区的合作而形成的教育，与人的一生的长度、生活场景的广度和人之为人的深度相一致。

教育是全民性的。孩子需要教育，家长、教师、社区教育工作者何尝不需要接受教育？当前家校社合作的研究，包括有关家庭教育立法的研究，都直接聚焦青少年儿童。这着实是有意义的，但却是远远不够的。在终身教育背景下，在充实社会教育力的主题中，全民终身学习不仅是伟大的目标，更应该能够渗透到每一天的教育实践中。

在此意义上，学校、家庭、社区的教育合作就是在促成更多主体的发展。在合作中，家长、教师、学生、社区人士不仅仅在共同学习，而且在相互学习，都存在于更综合的教育体系中，而且在通过合作而学习如何合作，共同成为教育治理体系的主人。因此，学校、家庭、社区合作，就是在助力"全民终身学习"，就是在体现终身教育的力量。

2. 多主体促进家校社合作

学校、家庭、社区的教育合作，既会成就所有的主体，也需要更多主体的投入。其中，专业的教育工作者需要承担更明确的、更大的责任。相对于家长、社区工作者而言，校长、教师有着更适切的教育理念，理应更能理解终身教育的内涵，感悟社会教育力的存在，体会终身学习的价值。他们也是教育领导者，有着"天时""地利""人和"等诸多优势，有着重要的影响力，可以直接促成家校社合作；他们还是学习者，以自己的不断发展为学生、家长、社区工作者做出示范、引领，展现"终身学习者"的风貌。

在当前学校、家庭、社区合作的制度与文化并不成熟，实践探索处于初期状态的背景下，来自校长、教师的专业推动、培育和参与，会成为系统变革的重要开端——专业的教育工作者需要表现出专业素养，体现在思维方式、行为方式、教育理念等方面。同时，通过更多家长、社区人士的参与，也能积累更多的经验和知识，新的局面也将不断形成。

3. 家校社之间的融通

教育是综合融通的。教育不仅与最为丰富的生活相通，而且，学校教育会影响家庭教育、社区教育，家庭教育同样会影响学校教育、社区教育。人在不同类型的教育中发展，也影响着不同的教育类型。在学校、家庭、社区合作中，相关资源、过程、方法等都可能相通。

以学校教育中最具有专业性的教学研讨为例，我们曾在上海市的外来务工随迁子女学校开展实验，邀请进城务工随迁子女家长听课，并参与教学后的评课，从而极大提升家长的教育素养。[①]同时鼓励教师从家长的发言中获得专业发展的资源，实现教师专业成长，从而进一步促进校园文化发展，使学校承担起影响更多家长的责任。

一件事，直接贯通了不同主体、不同场景的教育。其内在依据就是终身教育体系内人与人之间的相互影响、事与事之间的相互联系。也因此，通过家校社合作，就可能带动全民的学习，促成更多教育机构、社会机构参与到教育中，形成社会教育力融通、提升的新格局。

（二）促进社会力量支持高等继续教育和老年教育的发展

社会教育力最终落实在具体人的发展上。当前社会已经关注到青少年儿童的发展，而且，即便在朗格朗所处的时代，他也意识到全社会对于青少年儿童教育的重视。他曾呼吁社会加强成人教育。自然，对于在岗工作人员和老年人的教育，确实是当前所需要的。

---

① 吴青，李家成.以专业性教研活动助推家长的发展［J］.思想理论教育，2014（18）：26-29.

1. 高等继续教育的新发展

我们将高等继续教育的对象定位于在岗工作人员。高等继续教育有着与各行各业极其紧密的联系，也会对行业企业的发展需求非常敏感。这是高等继续教育的优势，这一优势应予以大力发扬。而且，随着我国治理体系与治理能力现代化进程的加快，高等继续教育领域更能体现多主体治理的理念。有研究者指出，当前，参与高校继续教育治理的利益主体，并不局限于政府、高校两大主体，还包括市场、社会等多个主体。多元主体参与到高校继续教育治理中来，不是靠简单意义上的"量"的累加，拼凑为一个治理结构体系，而是要以"共治"为基础，实现"质"的飞跃，让多方治理主体之间达成"善治"。①有研究者特别强调，地方性高等院校的职业性、地方性、应用性、社会性，更多地应该体现在继续教育的校企合作中，继续教育的校企合作则更多地体现在校企各自发挥自身优势，在提升职工整体素质、促进职工继续教育、提升企业管理水平和推动企业转型发展中起到关键作用。该研究者阐述了模块设计、学分互认、课程订制、成教直属班和以奖促惠等概念，总结出了高等院校继续教育中工会（政府）统筹、企业参与、成人（社区）学校和高等院校校校联合的"四位一体"模式。②

上述研究成果和相关实践表明，高等继续教育在办学及教育教学全过程中，需要加大与行业企业的合作。如有学者强调，要建立跨部门跨行业的工作机制和专业化支持体系，吸纳企业、行业、社区等参与高等继续教育，促进教育服务多元化，为推动和保障高等继续教育发展增加更多的动能。③有学者倡议创新"双主体"或"多主体"育人体制。建立高校与企业、科研院

---

① 乐传永，李梦真.近20年我国高校继续教育治理研究的热点与发展［J］.现代远程教育研究，2019（2）：67.
② 冯国文.高校继续教育"四位一体"校企合作模式的探索［J］.中国成人教育，2017（19）：122.
③ 王建明.新时代高等继续教育发展的战略思考［J］.终身教育研究，2019，30（3）：6.

所、社会等多元主体协同合作的育人体制，实施"双导师"教学指导。由校内教员与育人企业工程师、技师共同组建专兼结合的专业教学团队。具体到教育教学环节，建议实施"双重"教学板块和"双融"的教学体系。理论教学板块与实践教学板块并重，形成以"工学结合整体性"为特征的教学共同体，构建创新创业教育与专业教育相融合的教学体系。[①]

上述研究成果都导向高等继续教育办学模式、教育教学模式的改进，而根基还在于高等继续教育与经济社会发展的天然联系。

具体到办学专业、项目设置上，应当与相关领域的专家、学者、能人沟通交流，把握专业发展的时代动向。高等继续教育会随着生产技术的更新、职业更迭的需要而调整。如有研究团队通过研究发现，上海市静安业余大学所设的物业管理专业，即对于岗位需求的回应。如因当地曾发生重大火灾而引发对于物业管理员的消防安全知识的需求，其着重于消防板块，授以法律知识、消防知识、危险化学品等相关知识，以培养智能楼宇管理员。此外，高等继续教育也会受到产业结构的影响，一定程度上可以说产业结构是高等继续教育的动力源，即职业教育表现为适应性，但当产业结构发生变化时、新兴职业领域出现时，职业教育的适应性无法凸显时，成人教育的作用由此凸显。例如，上海市长宁区业余大学开设的新兴职业，即与高校联合培养直播人才，以回应数字经济的转型。

2. 老年教育的新发展

当前，我国老年大学发展仍处于初期阶段，教育供给不足的问题明显，供需矛盾较为突出，老年大学"一座难求"问题在社会上反响强烈。教育部等九部门联合印发的《职业教育提质培优行动计划（2020—2023年）》提出"完善服务全民终身学习的制度体系"，鼓励职业学校积极参与社区教育和

---

① 陈伟，刘雅婷. 高等继续教育改革发展40年——中国成人教育协会成人高等教育理论研究委员会第22届年会综述[J]. 中国成人教育，2018（14）：16.

老年教育，遴选500个左右社区教育示范基地和老年大学示范校，这为建设现代老年教育服务体系提供了新思路、新举措和新支撑。通过多元主体参与举办老年大学，提供更高质量的老年教育服务，既提升了老年群体的生活品质，也提高了国家人力资源的总体水平。

鼓励职业院校主办、合办老年大学，具有鲜明的时代价值。通过共享优质职业院校资源和学习场所，职业教育不仅将助力老年人日常生活品质提升，提升老年人相关技能及综合素养，还将助力老年人力资源开发，服务我国经济社会持续发展和国家竞争力提高的大局。尤其是遴选老年大学示范校，将进一步推动该领域的内涵式发展，为举办老年大学提供时代范本。

鼓励有关部门、行业、企业举办老年大学，将丰富老年大学的形态，扩大老年大学的服务范围。这一举措不仅可以针对本行业、本企业、本部门的退休人员，也可以进一步面向社会开放，拓宽老年大学的受众面。以上海为例，上海目前已建成中国电信、中国移动、工商银行等九所行业老年大学分校，其办学标准日趋完善，办学经验逐渐丰富。在国家深化产教融合背景下，这一领域还将释放更大活力，政府通过建立办学标准、加大政策供给，可以更加有效地引导老年教育健康发展。

鼓励普通高校和独立设置的成人高校等举办老年大学，将进一步提升高等教育的社会服务功能。通过开展针对老年人的学历教育和非学历教育，可以在"教学相长"的过程中，进一步盘活老年群体的人力资源，提升高校所在社区的文化氛围，为区域范围内"学习型社会"的建构提供重要助力。如复旦大学、华东师范大学等高校建立老年大学多年，不仅满足退休教职工的学习需求，还面向社区老年人，发挥了引领当地文化的职能。

鼓励社会组织、个人等参与举办老年大学，通过独资、合资、合作等形式，依法独立举办或参与举办老年大学，或设立老年教育社会学习点，将促进老年大学的发展。政府通过购买服务、税费优惠、租金减免等支持手段，通过设立老年教育发展基金等，可以增强办学主体的积极性。另外，养老机构、社区文化机构或场馆、家庭、中小学等参与老年教育或老年大学的建设工作，也大有可为。

鼓励举办老年开放大学和网上老年大学，是后疫情时期，应对社会信息化、智能化发展趋势的迫切之举。应对新发展形势，需进一步扩大线上教育规模，鼓励老年人参与网上老年大学，积极探索线上线下融合发展的老年教育新模式。通过直播课等新型教学方式，丰富和发展老年人喜爱的"人文行走""体验式学习"等新的学习形态，切实提升老年大学的教育教学质量。此外，要注重老年教育的公平性，加大对中西部地区和少数民族地区的倾斜力度，为各类有学习需求的老年人提供教育服务。

总之，老年大学的发展，需要调动多方积极性，通过多种方式满足不同举办、合办主体的利益需求，形成系统合力，将多主体合作贯穿发展全过程，形成政府统筹管理、社会多元办学的新格局。在此过程中，要着力解决体制机制问题，完善政策供给，开展老年教育立法，形成系列办学标准、师资专业标准、课程标准等；形成驱动，极大鼓励基层创新；加强对老年大学发展的研究、监测工作，开展评优评先、成果展示等活动；提供专业支持，建构合理的课程与教学体系，研发系列性的教学指导纲要，加强对老年人学习方式及其综合成效的评价研究。

（三）通过"学习型社会"建设对接以人为中心的社会发展

当前各地在开展的"学习型社会"建设，在立意、内容、结构等方面，更接近叶澜所倡导的"社会教育力"的聚通与提升。结合叶澜的思想，"学习型社会"建设及其研究，可以在如下方面有更进一步的拓展与深化。

1. 更自觉的人之发展意识

叶澜在基础教育研究中，积极倡导全社会支持、促进青少年儿童的健康发展。全社会要继续努力：各类型的社会机构要支持、参与到学校教育中，充实、丰富学生的校外生活,避免经济利益至上的校外培训和单一消极的评价观耽误一代代青少年儿童的发展。

不仅如此,全社会都需要建立起"成事"与"成人"的关系。在工厂企业,在机关单位,都需要依靠"人"的发展而"成事",且以促进人的全面发展为核心目标。党的十九大报告明确指出:"中国特色社会主义进入新时代,我国社会主要矛盾已经转化为人民日益增长的美好生活需要和不平衡不充分的发展之间的矛盾。"[①]当这一重要判断具体到每个领域、每个层面的发展规划和实践中时,人的美好生活、人的全面发展、全体人民的文明素养提升等,就会成为评价各类工作成效、质量的核心依据。

不仅要在价值取向上明晰,还需要在具体实践中落实。叶澜在一篇随笔中写道:"社会是人创造的,没有优秀的人群成为社会的栋梁,成为教育的支柱,就难以有辉煌的社会,难以有民族精神的继承、发扬与光大。"[②]

由此出发,在学习型社会建设中,所有企事业单位,所有行业企业,所有社会生活的领域,都存在着人的学习的主题,都面对着人的发展的主题,也都需要将人的全面发展作为工作变革与社会发展的核心。

2. 更多新力量的激发和汇聚

叶澜在研究社会教育力的过程中,十分关注博物馆育人功能的发挥、全民阅读活动的开展、志愿者活动的价值等。当我们意识到全社会都需要承担教育责任时,就会认识到每个领域、每个行业企业、每个具体机构的特殊性和其承担的特殊的育人职能。

---

① 中国政府网.习近平:决胜全面建成小康社会 夺取新时代中国特色社会主义伟大胜利——在中国共产党第十九次全国代表大会上的报告[EB/OL].[2020-10-15]. http://www.gov.cn/zhuanti/2017-10/27/content_5234876.htm.
② 叶澜.初访延安[M]//叶澜.叶澜随笔读思录·俯仰间会悟.北京:中国人民大学出版社,2019:39.

就当前格局看，各类型学校，作为专门的教育机构，其发展需要全社会的支持，也需要在社会教育力的背景下思考学校的功能实现。作为终身教育的核心，作为促进社区、城市发展稳定的重要力量，学校需要面向更多人群，发挥促进更多人学习与发展的职能。与此同时，以博物馆、科技馆、图书馆等机构为代表的文化力量，也需要极大发挥其社会教育力。

例如，《上海市终身教育促进条例》要求："图书馆、博物馆、科技馆、美术馆、文化馆（站）、工人文化宫、青少年活动中心、社区文化活动中心等应当根据市民需求，通过举办讲座、展览展示、科普教育等多种方式开展终身教育活动。"我国的《博物馆条例》明确规定："本条例所称博物馆，是指以教育、研究和欣赏为目的，收藏、保护并向公众展示人类活动和自然环境的见证物，经登记管理机关依法登记的非营利组织。"其中，教育是博物馆的第一职能。《中华人民共和国公共图书馆法》也规定公共图书馆应当按照平等、开放、共享的要求向社会公众提供服务。其应当免费向社会公众提供的服务包括："文献信息查询、借阅""阅览室、自习室等公共空间设施场地开放""公益性讲座、阅读推广、培训、展览"和"国家规定的其他免费服务项目"等。在该法中，明确政府设立的公共图书馆应当设置少年儿童阅览区域，根据少年儿童的特点配备相应的专业人员，开展面向少年儿童的阅读指导和社会教育活动，并为学校开展有关课外活动提供支持。有条件的地区可以单独设立少年儿童图书馆；政府设立的公共图书馆应当考虑老年人、残疾人等群体的特点，积极创造条件，提供适合其需要的文献信息、无障碍设施设备和服务等。该法要求公共图书馆通过开展阅读指导、读书交流、演讲诵读、图书互换共享等活动，推广全民阅读。

终身教育活动的开展，对于进一步拓展、丰富社会教育力，有着积极的意义。上海刘海粟美术馆所开展的研究，也在通过重塑社区空间、接续雅集精神、展厅变课堂等多项富有创意且扎根社区生活的美育活动，逐渐丰富着场馆学习的实践样态，弘扬着美育精神。该机构的探索，呈现了"全民美育"的宗旨,在提升市民参与度、增强自身服务能力、营造有温度的共享学习空间等方面卓有成效,同时也在场馆工作人员的自我导向学习、场馆学习的成果评估,以场馆为桥梁的家校联动,场馆学习项目的长效性和持续性以及馆际合作等有多方面的探索和显著的成效。[①]

2020年全球遭遇新冠肺炎疫情期间,美国纽约市皇后区博物馆主席兼执行馆长塔兰特(S. Tallant)这样写道:"我们如今面临的前景一片黯淡——大规模失业,经济衰退,难民危机日益严重,全球陷入公共卫生危机。我们必须明白,在这个瞬息万变的世界中该如何生活和工作,该如何承受共同的伤痛——失去挚爱,因气候紧急事件而丧失栖息地,永诀某种生活方式。"她继续写道:"我们从中学到了什么?重新构建博物馆意味着什么?我们需要掌握哪些工具才能创建既相关又实用的机构?在皇后区博物馆,我们坦然接受当前的不确定性,并且相信作家、设计师、诗人和建筑师可以帮助我们重建博物馆。我们正在探索一种新的博物馆模式,将艺术家、教育工作者和组织者作为博物馆的核心。"她强调:"我们将与当地文化界、教育界和社区伙伴携手并进,创造条件来支持艺术创作、创意和协作。我们将聘请来自本地社区的艺术家,提供工作空间支持,资源、技术辅助和辅导,开展代际对话和国际对话。我们还将重新规划博物馆的运营方式,将重点放在现场展示和社区展出。教育是我们开展工作的核心。我们将继续开发数字内容,向外广为传播,为公众彼此联络和亲密接触创造难得的机会。我们将坚定地立足本地,同时将业务拓展到国际范围。"

当前,更多企业创办大学,更多企事业单位参与到青少年儿童的教育事业中,更多社会组织在积极支持家长教育,都是这个领域继续发展并不断提升品质的表现。

---

① 赵艺君,于诗琪,赵姝萍,张永.全民美育:打造有温度的共享学习空间[M]//上海终身教育研究院.上海终身教育发展报告2017—2018.上海:上海人民出版社,2020:193-208.

3. 顶层设计的加强和新格局的形成

社会教育力的聚通与提升，不仅在于具体教育机构的职能承担、相关社会机构的功能拓展，而且，需要在社会发展的规划、实施、评估等环节加大整合力度，进而形成文化的力量。

一方面，这要求继续加大学习型城市（乡村）的建设力度。当前的终身教育机构、部门、专业工作者要全力充实、加强多部门、跨部门的合作，调动政治、经济、社会、文化等方面的力量，通过专业且主动的引领，推动全社会持续开展社会主义核心价值观教育和市民教育，完善、优化场馆教育，全面加强教育系统与相关系统的联动，通过人文行走、体验基地建设等项目，进一步充实学习型城市建设的体制机制，营造全社会的文化学习氛围。

另一方面，这也需要进一步加强终身教育的区域联动和国际对话。加强区域联动，可以促成教育资源的流动、融通，也可以进一步促成人的发展，更好融入经济社会发展之中。以长三角地区为例，长三角地区就在通过学分银行建设等一系列重大项目，联动江浙沪皖，助力长三角教育一体化发展。同样，我国已有多座城市加入联合国教科文组织全球学习型城市网络中，积极开展国际对话与交流。在新的发展时期，中国学习型社会建设需要继续融入全球教育治理之中，在国际合作中进一步加强自身发展，并伴随着人类命运共同体建设的进程承担更多责任。

叶澜在其提炼的"生命·实践"教育的信条中明确指出："现在，各层面的社会教育力都有，但缺乏聚通，尚待提升，这是一项长期的当代中国社会和教育改革事业。"[1]终身教育理论、实践和政策的发展水平，有必要、有责任在此背景下保持自觉、主动、有为。

---

[1] 叶澜."生命·实践"教育的信条[N].光明日报，2017-02-21(13).

第五章　教育的自然之维

> 教育改革深化中"新自然观"实现的高境界是：依"教育所是"而行，达"自然而然"之境。[1]

——叶澜

上海相关社区学校主动将"二十四节气"主题纳入教学内容，探索传统文化与当代社区居民生活的融通。如金山区廊下镇社区学校开展民俗文化教育，重点是二十四节气民俗文化教育，通过教育教学，使村民了解节气的由来、习俗、农事活动、谚语俗语等，指导村民依据节气，合理开展农耕活动。 2019年，闵行区梅陇镇社区学校通过创新资源整合，组织开展的"人文行走七彩梅陇"活动，规划了7条游学路线，一共40个游学点位，打造了一条条丰富多彩的游学之路。该社区学校还规划、开展、深化具有系列性、融通性以及人文性的"四季乡音"活动，人人都参与，月月有活动，季季有平台。

在现有的"终身教育"实践中，"天地""自然"已经作

---

[1] 叶澜.溯源开来：寻回现代教育丢失的自然之维——《回归突破："生命·实践"教育学论纲》续研究之二（下编）[J].中国教育科学，2020（2）：28.

为教育内容和人的生存背景，受到充分重视，并在各类型的"终身教育"项目中体现出来。

叶澜在研究中，一直关注着教育与自然的关系；在生活中，也一直保持着对自然的热爱和体悟，一直在向大自然学习。2012年，叶澜直接指导一所"新基础教育"基地校试点"四季活动"，旗帜鲜明地倡导、探索如何让自然节气进校园。该研究之后不断发展，进入到群体性实验、多元丰富展开的第二阶段。这一具体的改革实践，是由叶澜直接推动、领导，并蕴涵着叶澜有关教育与自然关系的持续思考。经过前两个阶段的发展，叶澜开始从理论、实践两个维度推动第三阶段的发展，并从2018年开始，持续进入"溯源开来"的理论建设之中。

至2020年，叶澜形成对中国经典自然观的系统梳理，深入探讨了近代以来教育现代化过程中"自然之维"的丧失过程，并明确提出："自20世纪末21世纪初，国家经济实力急速增强，中央提出了新发展观。随着传统文化的复兴，经典自然观逐渐苏醒，重新生根。当代新自然观正在逐渐形成并呈现特质。"[1] 叶澜秉承其对教育内涵、教育价值、教育关系的理解和践行，鲜明地提出："当前我国教育改革尚需以上述'新自然观'为基，为满足当代社会发展对人的要求和每个人的生命健康成长，从新'根'长起。当前中国需要逐步完成教育由工业化时代的现代向信息化时期的当代系统转型。这需要一个相当长的时间，重要的是一切已经开始。"[2]

这一思考及其涵盖面，不仅对基础教育、社区教育、老年教育等领域有极大启发，而且已经融入对学习型社会、终身教育体系建设等主题中。

---

[1] 叶澜. 溯源开来：寻回现代教育丢失的自然之维——《回归突破："生命·实践"教育学论纲》续研究之二（下编）[J]. 中国教育科学，2020（2）：3.

[2] 同[1]：24.

一、社会层面的重建

叶澜对于教育变革的思考，一直是以终身教育为底色与前提，因此，她所提出的改革思路，也是终身教育式的。她明确指出："基于'新自然观'的当代教育改革，需要直面社会新转型，从社会、教育系统内部和学校三个层面，把丢失的自然找回来，成就全局意义上的中国教育由现代向当代的新转型，走向依'教育所是'而行、达'自然而然'之境，开创'教育与自然'内在关联的新阶段。"[①]

叶澜在社会层面所探讨的内容，与"学习型社会"研究可以直接沟通，并深入到城市、乡村发展的相关内容之中。如果将其主题进一步与社会文明程度的提高、可持续发展水平的提升相联系，则可以与联合国教科文组织2030年可持续发展议程及可持续发展教育实现对话与沟通。

（一）社会发展不能缺失自然之维

叶澜深入梳理了中国教育发展自近代以来是如何不断疏离自然、丢失掉应有的自然之维的，且通过结合生活与实践，更坚定地认识到自然之维的重要。她首先强调，要在社会发展中增强自然之维的意识。

1. 重视自然观教育

叶澜强调，当代自然观的教育应成为社会教育的重要构成，作为社会公众教育的基本要求。她明确指出："社会各领域，人人都应形成当代自然与人和谐共生的观念，珍惜自然对人的馈赠，不浪费、不滥开发，不盲目、不过度消费。"[②]

[①] 叶澜. 溯源开来：寻回现代教育丢失的自然之维——《回归突破："生命·实践"教育学论纲》续研究之二（下编）[J]. 中国教育科学，2020（2）：3.

[②] 同①：24.

聚焦"自然观",其内部也有具体的机制。在叶澜看来,一是人对自然本身的认识;二是人对自然与人的关系性质的认识;三是人类对自然的意义观,即人对自然之于人类的价值判断,以及由此产生的人对自然的态度与行为方式。① 作为一个系统的整体,上述观念系统既要成为教育的内容,又要成为因教育而使人受益终身的精神力量。

叶澜所强调的这类教育,是面向"社会各领域"的,是针对"人人"的。这样的对象全体性,意味着要全社会承担起教育责任,不仅在自己领域内,而且承担着对全社会生活与发展之人的教育影响。这样的思路,有着与"社会教育力"研究的直接沟通,而且聚焦在自然观的教育上。

叶澜特别强调要形成当代自然与人和谐共生的观念。② 这一观念事实上扎根于中国经典自然观,是中国"天人合一"思想的核心构成。叶澜通过对史前原生期、文明初创期和古代经典形成期的精心考察,得出几点结论。③

第一点是:"中华文明在史前传说中,就表达了人与天地、宇宙混沌共生的观念。人是自然的内在构成。人还通过自己的奋力实现了开天辟地之伟业,获得了自由而广阔的生存空间。"④ 叶澜还以中华原始神话作为补充说明,认为这是民族魂的夸张,但却呈现了中华民族的精神信仰,积极面对自然的自强、乐观之精神面貌的本色;认为后继的文明社会继承了这一本色,并使其持续、丰富、不断提升。上述观点,同叶澜对于人与环境关系的认识、人的终身发展观,有着内在的沟通与联系。

第二点是:"中华古代文明基于农耕生产,与自然界天然地保持着生存、

---

① 叶澜. 溯源开来:寻回现代教育丢失的自然之维——《回归突破:"生命·实践"教育学论纲》续研究之二(上编·其一)[J]. 教育发展研究,2018(2):1-13.

② 叶澜. 溯源开来:寻回现代教育丢失的自然之维——《回归突破:"生命·实践"教育学论纲》续研究之二(下编)[J]. 中国教育科学,2020(2):24.

③ 叶澜. 溯源开来:寻回现代教育丢失的自然之维——《回归突破:"生命·实践"教育学论纲》续研究之二(上编·其二)[J]. 教育发展研究,2018(3):26-37.

④ 同③:36.

生产、生活意义上息息相关的依存关系。古代先辈对自然的观察、思考和认识的深度与持续性，以及整体互渗、过程互动、万物关联、生生不息的思维方式，使其成果达到的高度与独特性，独树一帜于世界古代史，直至今日依然具有重要的价值。"① 对关系的重视、对思维方式的关注和在工作生活中的自觉体现，是叶澜教育研究富有鲜明特色、体现研究自觉之处。这一论点和研究视角，几乎贯穿于叶澜所有的研究之中。

第三点是："中华古代文明在整体上呈现出浓郁的以自然为根的气息。"② 叶澜从多方面、多层次加以论述，认为人文与自然的深度纠缠不仅表现在涉及面的广泛多元上，还表现为层次的不断提升上：从文明最基础的文字符号——汉字始，到阴阳两气物质性、五行基质的提出，再推及各领域中"元"的提炼，用一、二、三表达万物之间的生生关系，五行相生相克的关系模式，既反映了"元"之间的次序，又呈现了系统内的平衡机制和运转模式。这使计数和数字符号呈现出自然、人文的色彩。叶澜认为，这一人文与自然的纠缠还达到了主要概念层次，例如："天"本身含着自然与人文的复合性；"自然"内含着造化的总称和万物生长须遵循的自然而然之法则的双重意义等。叶澜指出，关于自然、自然与人的多种关系性质、自然的价值等自然观的经典观念，除了渗透在"农历"所代表的时间文化，以及《黄帝内经》所代表的人体医学文化中，还经由先秦诸子提升到哲理层面，呈现出独特的思维方式与文化底色；《周易》则作为预测万物变化的最早之过程哲学独傲于世。叶澜认为，中华古代文明的自然观至秦汉已处成熟阶段，并形成了由不同层次、不同方面组成的独特符号系列的中华文明表达体系，可称其为中国"经典自然观"。

第四点是："中华古代经典自然观之所以能代代相传，一则通过文字、学校、经典制度等多种基于官方正式的传播与活动系统，另一则是农耕文化所形成的民间系统。绝大部分农业人口，虽不识字，但始终不离土地，与自

---

①② 叶澜.溯源开来：寻回现代教育丢失的自然之维——《回归突破："生命·实践"教育学论纲》续研究之二（上编·其二）[J].教育发展研究，2018（3）：36.

然朝夕相处,再通过习俗传统、口语文化、戏剧等形式,使经典自然观在家家户户广为流传,延续至今。"①这一论点在后文中我们还会进一步解读,其对教育实践变革有着非常积极的启示作用。

最后,叶澜还提醒:"时至今日,我们要全面深入地理解中华古文明的'经典自然观',必须'去蔽',只持古代一派之言、一方之史,均难以完成。对如此多元、博大、综合、动态、复杂、系统的经典自然观之把握,需要我们打开视野,改变思维方法,重新阅读史书与元典性的著作,以突破原有粗疏和偏颇的认识框架,认真抽析多派哲理的精华,加以综合,形成新的认识。这一'溯源'过程本身,也是我们自身对自然的再认识,对中国古代文化中自然观的再认识。"②叶澜如此提议,也如此践行,直接反映出其"以身立学"的追求:"我言即我信,我信即我行,我们努力这样要求自己,这是'新基础'人的群体人格特征,是'生命·实践'教育学人的人格特征。"③

如果说,上述内容是逐一分析了经典自然观的内涵,那么,叶澜后期也有精练的表达。她写道:"'根'是指经典自然观中对自然的敬重、感恩的情怀,关于自然整体生生不息和万物内在相通、相生相克的相互生成关系的认识,以及人与自然的和谐合一,在自然灾害面前和生存环境困难条件下的顽强生存,以及战胜、克服灾难造成的损失,用人的智慧和力量改善生存条件的主体精神。"④以这种方式来解读她提出的加强对所有人的自然观教育,进而深入讨论具体的教育过程、内容与方法,就有了清晰的依据。

在叶澜看来,正是在清末民初社会剧变中,经典自然观出现转换与丢

---

①② 叶澜.溯源开来:寻回现代教育丢失的自然之维——《回归突破:"生命·实践"教育学论纲》续研究之二(上编·其二)[J].教育发展研究,2018(3):36.

③ 叶澜.探教育之所"是",创学校全面育人新生活——新时期"新基础教育"研究再出发[J].人民教育,2018(13-14):16.

④ 叶澜.溯源开来:寻回现代教育丢失的自然之维——《回归突破:"生命·实践"教育学论纲》续研究之二(下编)[J].中国教育科学,2020(2):20.

失。"当时社会总体上的性质与结构之激变，构成了经典自然观渐被遮蔽的政治因素和经济基础。洋务运动和维新变法先后兴办各式新学堂，引进西方自然科学课程，越来越大规模输入西方经济和文化思想，在教育上开风气，形成了一批不同于传统士的知识分子，但也使学习者与自然和古代学问逐渐疏远，中学成为致用的政治斗争工具等，造成了经典自然观、传统文化之根逐渐淡出。"[1]她发现，在民国时期，中国社会由近代向现代转型过程中，"为追求西式工业文明和社会经济发展，提倡与天地斗，将自然当作研究、征服和控制的对象。民国时期学术转型又使整体的自然被分学科的科学分解，整体的人被知识、伦理分解。教育在走向现代化的过程中，疏离了'自然'和'经典自然观'"[2]。

叶澜对这一历史发展进程进行了深入分析，更强调在新的时代背景下，经典自然观在当代得以新生。在此，就需要进一步分析叶澜所提出的"新自然观"的构成了。

首先，叶澜分析的是经典自然观的当代新生。她特别强调，中国社会若不开始对本民族五千多年形成的文化传统的理解、尊重，没有对近代以西方文化引进、浸化所引起的，因革命求新而对传统持全盘否定的幼稚、粗暴认识与行为的深入反思，就不可能有以中国传统文化中的经典自然观为根的当代新生。在她看来，经典自然观对文化的影响一直存在，包括汉字的文化内涵，中国独特的艺术和艺术观，社会和人们对中医的再认识，表达中国传统时间观的节气、时辰之重新普及，饱含中国文化的传统节日等。

传统自然观的当代新生，在对"自然"的认识深度变化方面，她明确指出："因科学的发展，人类对自然的认识不再是朦胧整体，而是形成了既有

---

[1] 叶澜.溯源开来：寻回现代教育丢失的自然之维——《回归突破："生命·实践"教育学论纲》续研究之二（中编）[J].中国教育科学，2020（1）：3.

[2] 叶澜.溯源开来：寻回现代教育丢失的自然之维——《回归突破："生命·实践"教育学论纲》续研究之二（下编）[J].中国教育科学，2020（2）：3.

整体式的宇宙天体学、地球学,又有分学科的自然科学构成的极为丰富多层知识体系所支撑的科学认识。"①

传统自然观的当代新生,在时空观的深刻变化方面,空间拉近、地球变小,是当代人空间观变化的主要方面,且又增加了网络空间"天网"与"人网"的空间共存性,创造了"天人合一"的时代新内涵。而时间观的变化,首先体现在人们打破了对时间只是循环往复、单一运行的认识,人对未来更好生活的向往与规划,社会对创新的需要,使人们在时间价值观上更注重未来的可能性。

叶澜认为,当代认识自然的方法,超越了历史上和现实中的两种极端,"以整体、复杂、动态变化的思维方式,认识自然系统内外各种不同组织、沟通渠道及方式"②。这一判断,进一步与叶澜的教育研究方法论相沟通,反映出她一贯重视的方法论主题,在她看来,"方法论更新,对于人认识自然可能性的不断开拓,与自然客观存在契合度与确切性的提高,具有决定性的作用"③。叶澜认为:"人类认识自然的方法论本身也走出了单一极端的形态,明辨每一种方法与认识对象的适切性及其局限、优势与不足,关注学科知识与方法的互补,方法论意义上的跨学科综合、多元多层系统的构成。"④

其次,叶澜分析了自然的生命逻辑与生态逻辑。她认为:"把自然在整体上视为生命体,而非与人不同大类的非生命体,这是当代自然观的重要特质。"⑤

在叶澜看来,所有具有生命性存在的内在机制,内在规定的逻辑是"新陈代谢",故"自然"也有"生"有"死",也在经历着类似生命化的各种成长过程和阶段。尽管计算自然生命的时间单位与人类的不同,但人类可能

---

①②③④ 叶澜. 溯源开来:寻回现代教育丢失的自然之维——《回归突破:"生命·实践"教育学论纲》续研究之二(下编)[J]. 中国教育科学,2020(2):21.

⑤ 同①:22.

也需要不断增强对自然各种语言的破译力,以便更好地通过改变人自己和人类世界来与自然协调。叶澜以人们熟悉的天气预报、台风警报为例,认为"当代'天人合一'的解读,已从用天道规定人道以达成合一,转向以生命体的性质解读自然,从而使人主动与自然达成一致性,做到在不破坏自然内在生命机制前提下的趋利避害"①。

叶澜进而提出生态逻辑,认为自然相互关系遵循的生态逻辑包括内外两个方面。就内部而言,有宇宙天体的相互关系,地球土壤气候、山脉江河、海洋与动植物的相互关系,还有每一类的支系统及其分支系统乃至微系统内部和各系统之间的相互关系。就外部而言,主要是自然活动与人类活动的关系。她提出:"好的、理想的生态关系是同生存、互利互补的和谐关系。生态问题都是因这种和谐的'断链''反常'和'破坏'引起的。"②她认为,对自然生命逻辑和生态逻辑的认识与尊重,并不是要限制人之主体性和主动性的发挥,而是要求人在对待自然的态度上也要有伦理意识,科学、技术的发展与应用要以地球与人类同样存在着生命共同体的关系为前提,以有利于人类与自然的和谐共存为基础利益,做出价值抉择。这一系列的前提性认识和所采用的思维方式,也将使叶澜进一步关注城市化与美丽乡村建设,与将城市视为"生命体"等当代城市发展观相沟通。

最后,叶澜强调了"人自身作为独特生命体的全程、全整和谐发展"③。这一观点高度突出对人的生命全程性的理解和每一个个体作为生命体所具有的完整性。

重新回到本节主题,叶澜认为,全社会、所有人,都需要加强自然观的教育,让全社会的自然素养得以提升。新自然观的内涵丰富性,及其与经典自然观的关系,经过叶澜的梳理,也将更好地体现在终身教育之中。

叶澜强调,这种学习是要成为人的生存方式的构成的,因此,要"积极

---

①②③ 叶澜.溯源开来:寻回现代教育丢失的自然之维——《回归突破:"生命·实践"教育学论纲》续研究之二(下编)[J].中国教育科学,2020(2):22.

开展日常生活中的绿色环保,创造良好的生态环境"①。这一思想,也体现着叶澜对经典自然观及中国教育传统的深切体悟和清晰认识。她曾指出:"中华古代文明中天人相合的理念,不只是意识形态的、文化符号的存在,它还是实践的、生活的活体存在;它不仅体现在政府、社会等公共制度性和公共活动层面,而且还渗透于每个人的生活方式、精神生活之中,成为不可或缺的重要构成。因而具有强大的生命力,千年相传而不失其本。"②这一观点,同样是"生命·实践"教育学思想的表达,也体现着叶澜对于终身教育的理解,更将启示具体的终身教育实践的目标指向、方式方法和评价监测工作。

2. 多类型的社会教育

前文中,我们用较大篇幅分析了叶澜的"自然观"思想,也为进一步理解叶澜所倡导的教育变革奠定了基础。

叶澜希望全社会逐渐形成对人与自然,尤其是对儿童、老人和身边自然环境友好的社会风尚,特别是在信息技术社会。③当前信息技术时代,青少年儿童因为沉迷网络、电子游戏等,造成自身体质下降、视力下降,造成生命活力的消耗,这已经引起全社会的关注。而化解之道,不能仅仅在于"堵"和"怨",还在于通过加强"疏"和"解",让自然的美好进入青少年儿童、成年人包括老人的生活中,成为提升人的生活质量的重要保障。

叶澜呼吁:"还需要营造出有利于青少年身心健康和教育事业发展的良好社会环境,给各级各类学校教育提供多方面的社会支持。"④她特别以当前博物馆、图书馆、美术馆等公共文化场所为例,认为除开放外,其还可举办

---

① 叶澜. 溯源开来:寻回现代教育丢失的自然之维——《回归突破:"生命·实践"教育学论纲》续研究之二(下编)[J]. 中国教育科学, 2020(2):24.

② 叶澜. 溯源开来:寻回现代教育丢失的自然之维——《回归突破:"生命·实践"教育学论纲》续研究之二(上编·其二)[J]. 教育发展研究, 2018(3):26.

③④ 同②:25.

各种丰富多彩的亲近自然、丰富精神生活的活动。不可否认，当前各类社会教育机构也正在开展丰富多彩的改革实践，有关生态教育、绿色教育的实践基地也在发挥积极的作用，朝着叶澜所期待的状态发展。

她还强调："社会应为学生接触社会与自然提供基地，以实现学校教育与其他社会活动之间的协调共建。"[1]在作为专门的教育机构的学校的努力下，在社会的支持下，是可以实现良好的学校与社会（社区）的互动的，从而形成新的教育合力，也进一步冲破学校中心的教育观，充实和发展当代的终身教育体系。

在叶澜的理想中，多类型的社会教育都致力于促成个体形成学习力，建构起积极的人与自然的关系。或者说，在多类型的社会教育支持下，个体对于自然所具有的教育力的领悟、体验和转化，会更具有生产性。

在叶澜自己的生活中，就充满着这样的力量。她曾在《感谢芦花》中写道："我问自己：为何每一次与芦花相遇，无论是在哪天哪地，总会唤起我的一份独特情感，不只是喜欢，不只是赞赏，而是出自心底的感动，究竟是什么使我如此为芦花所动？"[2]她也如此认识到："真正的不再寂寞，来自与自然宇宙的沟通，来自心灵精神的丰满，且感谢每一个哪怕能给你一点温暖和理解的人。不奢望，不苛求，不在意别人的不理解、误解甚至故意曲解，因为你懂了这是人际交往及关系的常态。"[3]而且，她还有这样的生命感悟："处在整个自然拥抱之中的我，怎么还会寂寞！在整个人类精神世界中遨游的我，怎么还会寂寞！在自我丰富的心灵中体悟自我的我，怎么还会寂

---

[1] 叶澜.溯源开来：寻回现代教育丢失的自然之维——《回归突破："生命•实践"教育学论纲》续研究之二（下编）[J].中国教育科学，2020（2）：25.

[2] 叶澜.感谢芦花[M]//叶澜.俯仰间会悟：叶澜随笔读思录.北京：中国人民大学出版社，2019：74.

[3] 叶澜.不再寂寞[M]//叶澜.叶澜随笔读思录•俯仰间会悟.北京：中国人民大学出版社，2019：85.

寞！"① 这一系列的个体精神生活的丰富、生命状态的丰盈，也都将在多类型的教育中，不断得到支持和发展。

（二）城市发展中的自然之维

正是基于对社会教育力的理解，结合对中国教育传统的理解，叶澜进一步从教育学立场出发，就城市发展、乡村发展形成了相应的思想。和城市规划学者不同，在她的表述中，一直有着对终身教育的理解，有着对人的发展的追求。

1. 改进城市发展

叶澜提出："城市化建设，除周边街道、小区、街心花园绿化以外，还需要在建筑材料、内系统的生态链形成，满足人们在建筑内工作时间与大自然的接触，从楼顶、内外墙两方面营造绿色环境，建造会呼吸的大楼，具有生态内循环和平衡力的有生命新陈代谢机能的大楼，改变城市'水泥森林'的现状。"②

这一系列的观点，已经将城市环境、建筑、空间等与人的关系进一步凸显，继续承接叶澜有关自然观的思想。而这样的发展方向，事实上也在相关城市发展中不断被理解、认可、践行。在2021年发布的《上海市"十四五"规划和二〇三五年远景目标纲要》中，有着非常丰富的表达。其中，有一段表达是集中于生态环境质量的：

> 生态环境质量更为优良。城乡环境质量持续稳定向好、更加绿色

---

① 叶澜. 不再寂寞［M］//叶澜. 叶澜随笔读思录·俯仰间会悟. 北京：中国人民大学出版社，2019：85.

② 叶澜. 溯源开来：寻回现代教育丢失的自然之维——《回归突破："生命·实践"教育学论纲》续研究之二（下编）［J］. 中国教育科学，2020（2）：24.

宜人，单位生产总值能源消耗和二氧化碳排放降低完成国家下达目标，$PM_{2.5}$等六项大气常规污染物全面稳定达到国家二级标准，部分指标优于国家一级标准，地表水达到或好于Ⅲ类水体比例达到60%以上。生态空间规模扩大，生态品质明显提升，森林覆盖率达到19.5%，公园数量达到千座以上，人均公园绿地面积持续提高。全市生活垃圾回收利用率达到45%以上，现代环境治理体系加快形成，绿色低碳生产生活方式成为全社会的新风尚。①

在这里，我们不仅能读到很多专业的术语，而且能读到很多普通居民都能理解的内容，例如，"森林覆盖率达到19.5%""公园数量达到千座以上""人均公园绿地面积持续提高"等。该文件进一步将自然环境本身的改善与人的生活方式相结合，提出"绿色低碳生产生活方式成为全社会的新风尚"，将更直接地与终身教育联系起来。不仅如此，该文件还通过一系列的指标，将相关要求具体化、可检测化。《上海市"十四五"规划和二〇三五年远景目标纲要》的二十个主要指标中，九个是"十四五"规划新增指标，就包括"单位生产总值二氧化碳排放降低""大气常规污染物年均浓度""森林覆盖率""地表水达到或好于Ⅲ类水体比例""生活垃圾回收利用率"五个和自然环境最直接相关的指标，且全都是"约束性"指标。②

叶澜还强调："尽量减少城市增长对农村土地的侵占。"③尽管城镇化的进程一直在加速，但从城乡关系与空间结构角度看，一定要处理好二者的关

---

① 上海市国民经济和社会发展第十四个五年规划和二〇三五年远景目标纲要[EB/OL]. http://www.shanghai.gov.cn/nw12344/20210129/ced9958c16294feab926754394d9db91.html.

② 《上海市"十四五"规划和二〇三五年远景目标纲要》问答解读[EB/OL]. http://www.shanghai.gov.cn/nw12344/20210129/753a129320974bf6a5d60cb184863d89.html.

③ 叶澜. 溯源开来：寻回现代教育丢失的自然之维——《回归突破："生命·实践"教育学论纲》续研究之二（下编）[J]. 中国教育科学，2020(2)：24.

系,要保持复杂的思维方式,避免短视和简单化思维。这样的定位,同样体现在党和国家的政策之中。如2021年发布的《中共中央 国务院关于全面推进乡村振兴加快农业农村现代化的意见》对于"十四五"时期的农业农村发展,有几个非常显著的定位,是用"最高级"的语态来表达的。

> 民族要复兴,乡村必振兴。全面建设社会主义现代化国家,实现中华民族伟大复兴,最艰巨最繁重的任务依然在农村,最广泛最深厚的基础依然在农村。解决好发展不平衡不充分问题,重点难点在"三农",迫切需要补齐农业农村短板弱项,推动城乡协调发展;构建新发展格局,潜力后劲在"三农",迫切需要扩大农村需求,畅通城乡经济循环;应对国内外各种风险挑战,基础支撑在"三农",迫切需要稳住农业基本盘,守好"三农"基础。党中央认为,新发展阶段"三农"工作依然极端重要,须臾不可放松,务必抓紧抓实。要坚持把解决好"三农"问题作为全党工作重中之重,把全面推进乡村振兴作为实现中华民族伟大复兴的一项重大任务,举全党全社会之力加快农业农村现代化,让广大农民过上更加美好的生活。①

叶澜认为,要"保持城市水系统的清洁净化功能,减少温室气体排放,改善人居生存环境"②。在一定意义上,这也呼应了当前全球性的主题。新的城市建设,要走可持续发展之路,要容纳更多的生态文明的基因。

---

① 中国政府网.中共中央 国务院关于全面推进乡村振兴加快农业农村现代化的意见[EB/OL].[2021-01-04]. http://www.gov.cn/zhengce/2021-02/21/content_5588098.htm.
② 叶澜.溯源开来:寻回现代教育丢失的自然之维——《回归突破:"生命·实践"教育学论纲》续研究之二(下编)[J].中国教育科学,2020(2):24.

2. 城市发展与学习型城市建设融通

城市发展如何增强生态意识、提升生态文明水平，值得城市领导者和每个市民思考与关注，也会为学习型城市建设增加内涵。

以上海市为例，《国务院关于上海市城市总体规划的批复》就明确要求："加强生态环境保护。要增强绿水青山就是金山银山的意识，坚持节约资源和保护环境的基本国策。按照促进生产空间集约高效、生活空间宜居适度、生态空间山清水秀的总体要求，统筹山水林田湖草系统治理，形成合理的城市空间结构，促进经济建设、城乡建设和环境建设同步发展。要切实做好节能减排工作，加快淘汰落后产能，严格控制污染物排放总量。加强城市环境综合治理，加大对大气、水、土壤污染的治理力度，限期达到《总体规划》提出的各类环境保护目标。划定城市蓝线保护范围，结合水域自然形态进行保护和整治，提高水资源利用效率和效益，建设节水型城市。推行低影响开发模式，推进海绵城市建设，积极发展绿色建筑。加强绿化美化，划定城市绿地系统的绿线保护范围。要强化生态基底硬约束，加强对自然保护区、森林公园以及湿地、水源地等特殊生态功能区的保护，划定生态保护红线，制定并严格实施有关保护措施。"[①]这一系列的明确要求、具体指向和落地措施，正如叶澜所解读的，是新时代中国尊重经典自然观，重新重视人、社会、自然关系的具体表达。

自2021年以来，"五个新城"建设成为上海城市发展新的重点。有评论指出："作为经济的增长极，新城的产业功能当然要合乎未来的发展趋势，要有助于整座城市的竞争力提升。而作为一座城市，更需要将最新的城市理念注入其中，并从规划布局伊始就进行通盘考虑——'智慧城市''海绵城市''韧性城市'的概念，以及地上、地下空间同步规划等思路，此番均

---

① 国务院关于上海市城市总体规划的批复［EB/OL］. http://ghzyj.sh.gov.cn/ghjh/20200110/0032-811864.html.

得到特别强调，都提示了新城规划建设所特别需要的前瞻性。"①官方报道显示，"五个新城"建设将率先践行低碳城市理念，构建绿色能源体系，发展清洁生产，强化循环利用。整体性推进韧性城市建设，提升城市系统性抗风险能力。要彰显全新的系统设计，坚持系统观念，城市生产布局、生活环境、生态空间一体安排，交通设施、慢行系统与其他城市市政设施建设一体谋划，水、林、田、湖、园等一体保护利用，新城建设和老城更新一体推进，城市建设、城市管理、城市治理一体展开，使新城建设各方面、各领域互相配合，相得益彰，切实防止"城市病"。要努力实现对既往城市建设实践的借鉴超越，研究掌握城市设计的基本原则和基本理念，加强地下空间和地上空间的统筹利用、整体开发，认真做好人行道、健身绿道、城市家具、城市天际线的设计，精细管理建筑外立面、建筑顶楼第五空间、店招店牌等，在关键细节上下功夫、见水平。②

这类城市发展理念，正在更多城市的实践中体现。例如，2018年2月11日，习近平总书记视察成都市天府新区时指出："天府新区是'一带一路'建设和长江经济带发展的重要节点，一定要规划好建设好，特别是要突出公园城市特点，把生态价值考虑进去，努力打造新的增长极，建设内陆开放经济高地。"而相关报道显示：天府新区有着70.1%的生态空间占比，从"沿道路"转变为"沿河沿绿"发展布局，天府新区以兴隆湖、鹿溪河、湿地公园为主的河湖生态绿地不再作为城市的点缀，而是成为承载产业、转换生态价值的本底。兴隆湖畔，一座座外形独特、功能各异的建筑，正从丘陵、湖泊中拔地而起。

---

① 朱珉迕.上海五大新城，如何创造真正的大手笔？[EB/OL].[2021-02-19].https://www.jfdaily.com/news/detail?id=342611.
② 推进"五个新城"建设是上海面向未来的重大战略选择 李强实地调研并主持召开座谈会[EB/OL].[2021-02-19].http://www.shanghai.gov.cn/nw4411/20210219/cedfbc1f951a492da8520012a2970bac.html.

这样的实践，放在全球背景下，也是和联合国教科文组织2030年可持续发展议程直接相关的。联合国教科文组织《变革我们的世界：2030年可持续发展议程》开篇就写道："本议程是为人类、地球与繁荣制订的行动计划。它还旨在加强世界和平与自由。"在"愿景"部分，该文件提出："我们要创建一个每个国家都实现持久、包容和可持续的经济增长和每个人都有体面工作的世界。一个以可持续的方式进行生产、消费和使用从空气到土地，从河流、湖泊和地下含水层到海洋的各种自然资源的世界。一个有可持续发展，包括持久的包容性经济增长、社会发展、环境保护和消除贫困与饥饿所需要的民主、良政和法治，并有有利的国内和国际环境的世界。一个技术研发和应用顾及对气候的影响、维护生物多样性和有复原力的世界。一个人类与大自然和谐共处，野生动植物和其他物种得到保护的世界。"2020年12月12日，习近平在气候雄心峰会上通过视频发表题为《继往开来，开启全球应对气候变化新征程》的重要讲话，他指出，在气候变化挑战面前，人类命运与共，单边主义没有出路。他还强调，绿水青山就是金山银山；要大力倡导绿色低碳的生产生活方式，从绿色发展中寻找发展的机遇和动力。

叶澜曾强调："在中国古代传统社会的历史中，随着城市的发展，城市人口虽呈增长趋势，但敬重祖先的传统，使来自农村的城里人之根还在乡土；城里人的生活虽远离农村自然，但精神深处的根还未完全脱离自然。"① 这一认识，对于当前城市发展中更多凸显自然之维，彰显对人的发展和美好生活的关怀，至关重要。

（三）美丽乡村建设中的自然之维

即便身在国际化大都市，叶澜也心系中国乡村发展。她认为："美丽乡

---

① 叶澜. 溯源开来：寻回现代教育丢失的自然之维——《回归突破："生命·实践"教育学论纲》续研究之二（上编·其二）[J]. 教育发展研究，2018(3)：36.

村的建设使当今中国大地换新颜,是农村文明提升到当代水平的具有全局性的极重要的决策,需要有'新自然观'理念的教育与践行。"①

叶澜强调,要以发展的眼光看待乡村发展,而不是抱残守缺。她认为:"这一建设除了不是让乡村变城市外,还必须在不造成污染的前提下,全面提升农业生产现代化水平,丰富村民文化生活。"②在中国经济社会发展的整体背景下,这一趋势日益明显,也在各类型的社会与教育发展中逐步体现。

她强调要重视自然观在乡村生产生活中的具体表达,强调农耕牧渔生产中轮流休作、生态保护的传统和民族经验之开发,依自然生物的生长节律和外在环境的自然变化,尽量使其和谐自然地生长。如渔场每年都有开渔期和禁渔期。浙江舟山等沿海地区的独特做法是把"禁渔期"的开始日命名为"谢洋节",举行隆重的仪式和民俗表演,感谢海洋一年来的慷慨给予,庆祝劳动的丰盛收获。一个节日名称的改变,体现了人与自然的和谐,表达了人对自然的敬畏和感恩,令人顿生暖意。③这样的生产生活节律,与前述自然的生命逻辑与生态逻辑形成相互支持的和谐关系,不仅直接影响人的生产生活的质量,而且直接体现着"道"的思想。这一认识,也延续到自然与科技的关系方面,叶澜认为:"科学技术的运用和经营制度的改革,会带来生产力的提高和解放,但是过度使用则会带来反季节、反自然生长律的产品充斥市场,人几乎不能从食品中尝出自然的味道。"④

叶澜不仅有这样的思想、向往,而且很善于从自己的生活经验中提炼、形成思想,并保持自觉的对话状态。她在文中写道:"我曾听一位畲族的朋友介绍:在畲族传统中,没有土地的农人以'走山制'作为主要生存方式。

---

①② 叶澜.溯源开来:寻回现代教育丢失的自然之维——《回归突破:"生命·实践"教育学论纲》续研究之二(下编)[J].中国教育科学,2020(2):24.

③④ 同①:25.

他们会向邻近地区租一座荒山,开垦耕种,三年后归还,不用交租山费,只需在归还前种上林木即可,然后再走向另一座荒山,依此操作,故称'走山'。在浙江武义地区调查时,我发现山上林木茂盛,还有许多古树,进一步了解方知,这里家族传统中就订有保护山林、不许乱伐树木的规定。现在已成为村规民约,每户还明确分工,承担某一部分的山林保护责任,且有奖惩条例。一个家规、一个村规民约,就把保护山林的环保事业落到实处。"[①]作为叶澜与其朋友交往、对话的见证人,笔者读到这段表达,对浙江武义、对更多美丽乡村的记忆也被唤醒,对叶澜的认识、理解和判断也更加认同。她对于人的生命情感的尊重,对人与自然关系的理解,使得她得出如下判断:"制度的改革若切断农业生产者与天地自然的联系,则会带来人与自然在生产中情感与精神相通的命脉之断裂。"[②]

叶澜还关注乡村发展中的人员结构,认为美丽乡村的建设关键还要有人员的结构性变化。她指出,在改革开放初期,为开发乡镇企业,农村干部主动到城里邀请退休或在职工程技术人员回乡指导。进入21世纪以来,单一化的农村经济转向综合发展,不同行业人员在不同程度上增加了与农村的联系。自21世纪第二个十年始,就有一些知识青年辞去城市里的工作回家乡,走农村创业的路。他们给家乡带来的不只是知识、技能和财富,还有青年的朝气、敢想敢改变现状的魄力和当代文明的生活方式。她以自己调研中的发现为例:"浙江绍兴的上虞就有这样一群80后、90后青年。他们将传统产品加工、开发,制作精美包装,通过网络发送到各地,还到镇上'摆摊赶集''设馆展销',时而也赶到上海参加展卖,十分活跃。从他们身上可以看到未来城镇差异的互补式转化,看到农工商等各业在个体身上结合后,生活天地的开拓与精神世界的丰富。"如果将上述思路与提升农民的素养相结合,从人口素质角度来看,则当前开展的新型职业农民培训、针对农民的

[①][②] 叶澜. 溯源开来:寻回现代教育丢失的自然之维——《回归突破:"生命·实践"教育学论纲》续研究之二(下编)[J]. 中国教育科学,2020(2):25.

科普教育等,也都具有了全局性价值。在国家政策层面,2021年2月,中共中央办公厅、国务院办公厅印发了《关于加快推进乡村人才振兴的意见》,开篇第一句话就是:"乡村振兴,关键在人。"① 该文件强调的指导思想之一,就是"大力培养本土人才,引导城市人才下乡,推动专业人才服务乡村,吸引各类人才在乡村振兴中建功立业,健全乡村人才工作体制机制,强化人才振兴保障措施,培养造就一支懂农业、爱农村、爱农民的'三农'工作队伍,为全面推进乡村振兴、加快农业农村现代化提供有力人才支撑"②。

叶澜还从保障性角度提出:"中国当前脱贫指标中设有'教育'方面的要求,本人以为不妥。"③ 她指出:"美丽乡村的建设无疑应十分重视农村学校和精神文化的建设,以及富有地方特色文化项目,包括旅游等事业的综合开发,但切忌假文化、编造故事以及要素的雷同,更要防止新开发项目引出的新污染。当今我们需要创建在信息时代和社会主义制度下基于传统的新型农业文明。"上述提醒,也都值得终身教育实践者与研究者关注。

叶澜上述思想与当前"终身教育"领域开展的"学习型乡村"建设,有着一定的联系,都突出整体、综合的乡村发展及其育人价值。例如,2018年11月30日,在上海举行了学习型乡村建设论坛暨第六届社区教育上海论坛,该论坛以"社区教育在乡村振兴战略中的作用"为主题,开始了系列性的研究,在这一主题下,也发掘、发展了若干案例,如:

> 浦东新区大团镇赵桥村成立"田间教室",为村民提供农业知识、技能培训,建立桃产业标准化生产管理体系,建设标准化示范基地,提

---

① 中共中央办公厅 国务院办公厅.关于加快推进乡村人才振兴的意见.[EB/OL].[2021-02-23].www.gov.cn/xinwen/2021-02/23/content_5588496.htm.
②③ 叶澜.溯源开来:寻回现代教育丢失的自然之维——《回归突破:"生命·实践"教育学论纲》续研究之二(下编)[J].中国教育科学,2020(2):25.

供"统一品牌""统一包装""统一销售"等服务，开展田园漫步、果实采摘、趣味课堂等活动，提高了"赵桥蜜露桃"的品牌知名度，培育了乡村特色产业。

金山区廊下镇山塘村通过整合乡村特色资源，打造"四个堂"，为村民提供就近便捷的学习载体：依托各大农业基地，打造青少年的田间课堂；依托各宅基学习点，打造村民的宅基学堂；依托文化活动中心，打造老年人的养心讲堂；依托党建文化站点，打造党员村民的议事公堂。

嘉定区华亭镇毛桥村具有黄草编织的传统手工艺，但面临后继乏人、濒临失传的危机，为传承黄草编织技艺，村里组建黄草编织传承小队，以毛桥集市手工艺坊为阵地，每周六天免费向村内的小朋友及游客传授黄草编织技法，传播黄草编织文化，保护了地方特色人文资源，激发了村民爱农爱家的情感。

崇明区港西镇北双村依托阳刚民间音乐馆学习点，将乡村学习融入社区治理，打通群众自治"新渠道"，广泛参与文明法治宣教、民意民情征集、问题排查整改、矛盾纠纷调解、民主评议监督等基层治理活动，将其打造成村民自我管理、自我教育、自我服务、自我提升的自治平台，创新了基层社区治理模式。

青浦区金泽镇蔡浜村依托在自然生态资源方面的优势，积极利用1 200米环湖观光大堤，结合四季变化开展丰富多彩的体验活动，有植树节绿化活动、"自然课堂"体验、"菜花节"、"丰收节"活动，形成了绿色文化类游学线路，实现了旅游、学习与农业的紧密融合。①

在学习型乡村实践与研究方面，2019年11月5日至6日，浙江广播电视大学终身教育研究院、浙江省现代远程教育学会、浙江广播电视大学社科联、

---

① 社区教育推进学习型乡村建设、落实乡村振兴战略［EB/OL］. https : //shanghai. eol. cn/shanghainews/201811/t20181130_1635397. shtml.

台州广播电视大学也在台州联合举办"长三角地区学习型乡村建设研讨会暨2019年系列学术沙龙（第二期）"[①]，之后，上海、浙江等地继续组织相关研究活动，相关省市以"自然教育"为主题的研究活动，也持续进行。

自然，叶澜的研究，更凸显新自然观的建立与渗透，更突出在乡村发展中的人的成长、教育力的实现。当我们以叶澜的研究思路和相关观点为基础，继续聚焦学习型乡村建设，则需要留意如下要点。

一是要加强对学习型乡村建设的内涵认识，并予以方法论的保障。

就学习型乡村的内涵而言，要聚焦乡村，但不能在边界上自我封闭，一定要在城乡互动的意义上认识学习型乡村，且看到其内部构成、外部形态等多方面的丰富性。

乡村的边界在城乡之间，但是，这一边界因为人的存在和城乡的互动具有流动性，呈现出多元性和发展的综合性。在乡村文明程度提升、与乡村有关的人的终身学习意义上透视当前的终身教育研究，我们会发现一系列的新问题，例如，和乡村有关的城市人、进城务工人员及其子女等，在不同的时段，都可能短时间、长时间返回乡村，事实上他们也和学习型乡村建设有关，且有可能成为新的力量源。但是，当前的研究仅仅关注长期在乡村的农民，不仅忽视了这个群体与其他群体的联系，而且也忽视了其他群体的存在价值。也是在这一主体联系的意义上，"自然"之维不仅富含在乡村之中，而且将在城乡互动、主体互动的意义上，呈现更高的价值。

如果将过程意识融入其中，我们需要视学习型乡村建设为复杂系统的演化。要尊重、利用这一复杂性，合理认识政府、社会、市场的多元力量的存在，重视发展过程中的不确定性，尤其是珍惜发展契机、把握发展机遇，促成更高质量的动态生成。这一特征，也要求在推动学习型乡村建设工作中，

[①] 长三角地区学习型乡村建设研讨会暨2019年系列学术沙龙（第二期）在台州顺利举行［EB/OL］. https：//jyj.hzxc.gov.cn/xxw/sqxw/zxxw/201911/t20191119_284167.shtml.

保持复杂的思维方式，倡导研究性的工作方式，始终倡导终身学习。

就学习型乡村研究的方法论而言，要重视叶澜所揭示的"新自然观"的思维方式内涵，运用综合、复杂的思维方式，尊重学习型乡村建设的内在生命性和生态逻辑，也需要突出研究与实践中的团队合作，尤其是实践、政策、理论研究的结合，还需要持续追求在学习型乡村建设的创造性实践基础上，形成、发展具有中国特色的话语系统，在终身教育领域内做出中国贡献。

二是重视学习型乡村建设的结构，尊重其动态性和丰富性。

就主体而言，与乡村有关的人（包括在乡村的人）具有多样性，其学习基础、学习状态等都会有具体差别，而每个人的角色的多样性，也使其学习内容、方式方法具有多样性。而且，每个学习型乡村中的人的生活世界及生活单元是多样的，人与人的结构关系也同样具有多样性。

就空间而言，学习型乡村建设有着农村—城市的互动结构，不同的地域、不同的基础，有着很大的差异性；在乡村地域内部，同样不是铁板一块、整齐划一，都有着差异性；在乡村中，任何一个空间内，又有着无限丰富的本土自然、文化、历史等资源。这一系列的特征，使得学习型乡村具有空间意义上的丰富性。

就时间而言，学习型乡村中的主体有着稳定的学习结构，四季循环，工作生活的本身结构，都使得在不同时段的学习具有一定的稳定性。但同时，以"终身"为背景，学习型乡村中的人的学习是终身的、随着人和环境而不断变化的。如果将乡村也视为生命体，其自身也会随着时间的推移不断成长、变迁。

学习具有多类型的形态，其可能是以阅读、听课为表达形式，也可能是以学习团队中的合作学习为特征，还可能就是个体的自学、融合在生活与工作中的体验学习等。

总之，学习型乡村的形态、结构、动力、成果等都具有多元性。基于乡村的多元性，要重视点状的突破，追求整体的结构转型；要突出多类型的学习成果，强调表达方式的多样性；要通过多样性的倡导，让学习型乡村的内涵更为丰满。

三是探索学习型乡村的多元发展路径。

学习型乡村的发展路径选择，是源自对目标、资源，尤其是事物内在结构的理解的。当前，需要关注基于城乡发展差异，强化融通互动。这包括教育主体与对象的城乡互动、特定时空内的学习性的相互影响和通过城乡合作项目而实现的共赢共生。

要突出基于公共教育机构的专业领导。当前乡村中小学、成人学校、社区学院、职业院校、开放大学、妇儿中心、青少年活动中心等公共教育机构，都是学习型乡村建设中非常宝贵的教育力量。它们不仅要投入对相关学生的培养，更需要全力发挥各自的领导力，统筹推动更多家庭、社区、企事业单位的发展。而且，这些专业的公共教育机构之间，也需要极大加强互联互通。和城市相比，发挥乡村中教育机构的领导力，更为紧迫，也更有成效。

与之直接相关的，是要突出基于乡村各类主体的"共学互学"。从教育机构的角度，要促成通过人与人的互动、联动，实现教育效应的极大扩展。也可以通过这种方式，促成基于家庭、基于社区、基于工作场所、基于互联网的多层面的、不同主体之间的共学互学。

要促进基于乡村社会结构的综合融通。乡村发展本身就有政治、经济、社会、文化、生态等维度，而且，每个维度都有着融通相关维度，促成多部门、跨部门合作的可能。因此，在各类具体乡村工作中，要实现与学习型乡村的联系。

最后，要基于乡村发展力量，不断赋能、动态生成。在乡村发展中，要培养、珍惜有着终身学习意识和能力的个人与团队；要持续强化教育机构的功能实现；要支持各行各业的继续教育；也要培育崇尚学习的乡村文化。

二、教育系统层面的重建

叶澜从以下三个方面讨论了教育系统变革主题。

（一）逐步形成健全的终身教育体系

叶澜特别强调三点：一是确认终身教育体系与人的终身发展的关系；二是凸显终身教育体系在功能上的发展性；三是对终身教育制度设计的建议。

叶澜首先从"新自然观"意义上，揭示了终身教育的存在价值。她提出"终身教育体系"概念，这一概念，指的是作为系统而存在的终身教育。她指出，这是"对人自然生长的不同阶段全程、终身需要相应的教育与学习的呼应"[①]。这就从理论上形成了人与终身教育的关系，且因为人的存在，而使得终身教育体系成为必要。

相对于常见的终身教育观念，叶澜强调在认识上"要达到生命全程既分阶段又相互关联，教育系统本身要做出积极响应并不断提高学习主体自觉需求与能力的作为"[②]。她将区分与联合沟通，将现实与未来发展相联系的思维方式，其所强调的相关内容，恰恰是当前"终身教育"实践与研究者所欠缺的。无疑，"终身教育"领域中不同的教育机构、教育领域会针对人的生命全程中不同阶段的学习与发展需要，但恰恰是在"相互关联"上，存在太多的盲区，或有意不为之；相关终身教育实践者和研究者关注"学习者"中心，但仅仅停留在满足已有需求层面，明显缺乏对"不断提高学习主体自觉需求与能力的作为"。这不仅会影响人的潜能实现和终身发展，而且也会影响终身教育自身的生命节律的形成和生命逻辑的实现。

---

① 叶澜. 溯源开来：寻回现代教育丢失的自然之维——《回归突破："生命·实践"教育学论纲》续研究之二（下编）[J]. 中国教育科学，2020（2）：25.

② 同①：26.

她还特别聚焦制度问题,认为"在制度上则需加强在当代教育理念指导下的贯通式的、可灵活对接的系统设计"[①]。这一聚焦点,引导她进一步阐述了对当前"终身教育"体系发育状态的认识。她认为目前我国终身教育几近覆盖人生每一阶段,"但在段与段之间的关联性,尤其是以人的成长发展为核心的贯通性不足"[②]。针对这一核心问题,她提出:"实践中的完善,一是要协调各方教育力量,形成合力;二是不仅要强调'时时、处处、人人'可进行学习,还应增加'事事'两字。只有增强实践之'事事'具有教育和学习的意识,才可使终身教育不限于外在的机构、场馆、专门为之的教育与学习活动,而成为可渗透到人的日常生活之中,开发个人生命实践的学习教育潜力,增加层累式效应。也唯有人人在自己的生命实践中具有学习意识,学习才可能转化为人的生命发展需要和自觉。"[③]

上述思想,不仅体现了叶澜长久以来倡导和践行的思维方式,而且是她对于终身教育制度设计中加强关联性、重视"事事"之维的再次表达,也启示终身教育研究者应充分关注这一问题并进行深入研究。

(二)区域层面建设完善的教育体系

区域性的存在,会支持终身教育体系的建立,也会使终身教育体系具有区域个性。叶澜认为:"在国家层面纵向贯通、观念一致的前提下,教育系统建设尚需专门研究区域作为横向'块块'意义上的体系完善。"[④]叶澜前期在"新基础教育"研究领域推动的区域性变革,尤其是保障区域教育质量提升意义上的探索,也为这一观点提供了注脚。

叶澜明确提出如下三层次的发展思路。首先是强调"其中主要问题在于教育系统中本土自然、文化传统资源的开发和相对特殊性的形成";其次

[①②③④] 叶澜.溯源开来:寻回现代教育丢失的自然之维——《回归突破:"生命·实践"教育学论纲》续研究之二(下编)[J].中国教育科学,2020(2):26.

强调"同时善于利用周边地区的教育资源，形成共享交流机制"；最后是突出"更要开发网络资源，形成网络教育系统，以打破时空、地区的局限，形成开放、发展的全局与全球教育资源的大视野"。① 三个层次相互关联，逐层深化，缺一不可，且每一层次都有自己的特殊性。这里的具体观点所依托的依然是将区域视为复杂系统的认识与理解，强调开放、动态、生成的发展路径。

尤其是在当前全球化背景下，借助信息技术实现区域之间终身教育体系建设的互通互动、互学互鉴，既能促成我国相关区域的个性形成与自觉，也能有效参与到全球教育治理之中。以上海为例，在2019年加入全球学习型城市网络之后，其承担了可持续发展研究的责任，并极大加强了与德国汉堡、芬兰埃斯波市的互动，借助信息技术实现多维度的沟通、互动与合作。这样的发展，对于我国更多区域终身教育的发展，有着一定的启示作用。

（三）教育系统的生态建设

叶澜在方法论意义上继续强调："中国新时期教育系统的建设，要关注整体与局部、特殊与一般、统一与多元，以及系统不同层次的主体责权的明确与分担。"② 这一方法论思想衔接着"新自然观"，也在学校层面的教育变革研究中继续体现和转化。

源自对主体的高度重视和前期实践改革研究的经验，叶澜高度关注系统变革中的责任人的确立、责任的具体承担。她指出："只有每一个层次的领导权责着'地'生根，才可能充分促进教育大树向'天'自由生长，营造每一片树叶舒展呼吸的教育生境。环境保护中的责任到基层，落实到每个人，

---

①② 叶澜. 溯源开来：寻回现代教育丢失的自然之维——《回归突破："生命·实践"教育学论纲》续研究之二（下编）[J]. 中国教育科学，2020（2）：26.

每一个河段设'河长'等制度建设,给教育系统的制度建设提供了启发。"①这样的观点,对于推动本领域的改革具有启发作用。她认为,这样的责权利的分层落实,应首先得到法律法规的保障。在终身教育立法研究中,该思想也具有继续深化的必要和可能。

对于中国教育体系的重建,她特别提出一个重要问题,认为"具有当代中国特色的社会主义教育制度系统的建设,包括教育健康生态的建设,已到了迫切需要提上议事日程的时期"②。在她看来,新中国的学制除了在1951年正式公布的《中华人民共和国学校系统图》之外,70年来尚未做过正式修改。时代、教育观念和现实中的教育系统都已发生巨大变化,不仅是学制需要做正式修改,当代教育系统的整体结构也应得到清晰表达。

确实如此。中华人民共和国成立以来的教育发展,尤其是朝向未来的教育系统变革,在系统意义上发生了或将要发生哪些巨变?如何进一步清晰化,并作为未来发展的新基础?这一研究任务真实存在,也有待终身教育研究者继续投入。

三、学校教育层面的重建

叶澜对于学校层面的重建,既与前期持续近30年的"新基础教育"研究相沟通,也具有一定的发展性,凸显了若干主题。她认为,"新自然观"教育最终落实在学校。其原因,一是学校依然是当代承担青少年培养的核心组织机构;二是我国学校教育人口数以亿计,教师数量数以千万计,其理应且有能力承担起责任。在叶澜看来,"把学校教育植根于大自然的时空之中,让学生从小就养成热爱自然、亲近自然,提高欣赏、表达自然美的能力,在

---

①② 叶澜.溯源开来:寻回现代教育丢失的自然之维——《回归突破:"生命·实践"教育学论纲》续研究之二(下编)[J].中国教育科学,2020(2):26.

自然中愉悦身心，养成保护自身的生命健康以及保护自然生态的善良心意和能力，培养出当代'自然之子'，是学校教育改革中'新自然观'教育的旨归"[1]。这无疑具有充分的召唤力，而且，因为对"新自然观"的研究，叶澜提出一系列具有发展性的思想和具体建议。

（一）改变学校的时空设计

叶澜明确提出："学校时空设计趋向自然的改革，是自然走进学校日常的全局式起始变化。"[2]而当前的发展，令叶澜忧心。在现实中，学校时空与大自然、传统文化相隔离；学生课内、课外的时间都被各种学科教学和大量作业占用；中小学校设了许多"节"，但大多以"学科"为中心；孩子身心健康竟然在学校教育中得不到重视和保障……几十年来，叶澜所关注的学校变革问题，在"教育与自然"维度中，更清晰地表现为学校教育的时空设计问题。

叶澜明确提出，新时期学校改革的时间设计，可以长时段为单位，设计为"春生""夏长""秋收""冬藏"，把学习时期与假期打通策划，将"二十四节气"分别插入其中，将各种学科节综合为自然相通的大节，并可分插到每一个自然期之中，且与青少年自身的生长发展关联设计各类活动。她以常州市局前街小学的一年级新生入学教育，上海市闵行区实验小学举行的秋季"'丰'车节"校内巡游等为例，认为它们在学校时间观总体变化设计方面都迈出了重要的一步。

在空间环境的改造方面，叶澜认可不少学校把学校环境美化，做到四季有花有绿，每个教室内外都有植物，学生设小岗位承担养护责任。把大自然的花草树木请进学校，成了学校环境建设的追求。她以自己直接参与指导、

---

[1] 叶澜.溯源开来：寻回现代教育丢失的自然之维——《回归突破："生命·实践"教育学论纲》续研究之二（下编）[J].中国教育科学，2020（2）：26.

[2] 同①：27.

研究的两所学校——上海市闵行区古美学校和华漕学校为例，赞扬古美学校已经把20年前几近被关闭的、了无生气的学校，改造成了生机盎然、师生共同参与、设计精致的体现"古"莲文化之"美"的美丽校园，学生在大树下嬉戏，在凉亭中读书；华漕中学可以成为在空间环境改造上做出综合性深化改造的典型。①

如叶澜所发现的，我国相关学校已经在将自然因素、环保理念融入学校空间设计中。当笔者将同事雷雪蓉翻译的德国气候学校项目的信息转发给相关老师后，一位深圳的朋友留言道：

> 阅读了您发的《德国汉堡——气候学校项目》相关资料，转发询问在深圳负责校园建设多年的人员，了解到以下情况。
>
> 绿色屋顶、自然校园、智能电表和水表、节能设施设备等，在深圳很多学校践行，至少五年了。但是，木结构建筑，在深圳校园少，因为深圳处于地震活跃地带，木结构建筑不抗震。学校建设光伏发电系统少，说是需要综合考量成本等多种因素。
>
> 木材建筑是否适合在中国推广？中国的班容量比国外要大很多，木材的坚固性是否达到高密度人群的要求？木材要花很多人力去保养，否则几年就腐化，学校的资金、人力花费是否会给学校增负？当然，对于家长志愿者团队有实力的学校，一切都不是问题。

上述信息，也给我们很多启示。相信在未来学校发展中，相关思想、技术和资源，都将成为新的学校时空设计的有力依托，并将因对"新人"的培养，而重新呈现学校教育的价值。

---

① 叶澜.溯源开来：寻回现代教育丢失的自然之维——《回归突破："生命·实践"教育学论纲》续研究之二（下编）[J].中国教育科学，2020（2）：27.

（二）深化学校教育活动的改革

在这一领域中，叶澜有几十年的积累、探索和创新。她指出，与师生直接相关、共同参与的学校教育活动，主要有教学和以班级为单位或以学生学习程度、兴趣、特长等为主要依据的两类活动。她明确指出："不改变学校教育活动的内容构成和过程结构，不改变活动的实践开展，就难以实现'新自然观'实质性进入当代学校教育。"①

在课程结构方面，她认为在内容的现代化和反映时代科技新发展方面，在强调教学内容与生活联系方面，有不少进展，地方课程和乡土教材也被提倡，但因相关原因，致使学生常常是受了九年义务教育，还说不清、道不明自己家乡的山水风情。同时，叶澜认为，学校教育的另一个缺陷是缺乏有关自然整体（而不只是以科学分科为基础的学科）的课程教学。在上述聚焦性讨论基础上，她提出："更为艰难的改革是学校的教学过程。"②她认为，当前的教学活动忽视每一个学科本身所具有的内在育人价值及其教学过程育人价值的开发，尚未真正达到其内在规定的"自然而然"之境。

这一聚焦教学活动的研究成果，我们不再多加分析，但要强调的是，这一思想对于成人教育与学习活动同样有着重要启示。目前我国高等继续教育、社区教育、老年教育等领域，迫切需要加强教学研究。尽管叶澜长期耕耘于基础教育领域，但其贯通、融通、原理性的研究成果，是适切于终身教育研究的。

在学生综合活动研究领域，与学校的时空重建相联系，叶澜旗帜鲜明地倡导："学生上学期间，在大量时间用于学科学习的同时，我们主张设计综合实践活动，不受课程限制，为孩子阶段性地组织户外活动、走向大

---

①② 叶澜. 溯源开来：寻回现代教育丢失的自然之维——《回归突破："生命·实践"教育学论纲》续研究之二（下编）[J]. 中国教育科学，2020（2）：27.

自然做出时间保证，使学校的学习空间向自然界延伸。"[①] 叶澜看重学生活动所能体现和培养学生自主能力、开发学生个体独特能力和发展个性的重大意义，认为学校生命力常在这些活动中充分绽放。也因此，自20世纪90年代以来，她就持续领导、推动学生综合活动的研究。尤其是四季系列活动研究，更鲜明、具体地体现着她的思想。

几乎所有"新基础教育"的实验学校都熟悉"四季系列活动"研究，也都明了"新基础教育"所倡导的以自然世界为师、为教育资源的立场和思路。根据庞庆举的整理，有如下几个节点。

2012年，一所基地校试点探索"四季活动"，让自然节气进校园。

2015年，叶澜教授在《人间"节"语》一文中提出：以综合的方式命名学校四季生活"探春""嬉夏""品秋"和"暖冬"，将学校原来单项开展且多与学科相关的读书节、科技节、艺术节、体育节、外语节等主题节融入"四季"之中，随季而变、而生、而长。同年，合作校、基地校普遍探索"学校四季"。李家成教授组织、开展了"暑假生活与学期生活变革研究"。自然节气、社会节庆与儿童成长节律、校园生活节奏的综合融通，成为新时期新探索的重要内容。

2016年年初，研究者们内部召开"四季系列活动"设计研讨会，提出了四季系列活动提升"天地人事"大综合的问题。2016年年底，全国"新基础教育"研究共生体第八次会议对"学校四季系列活动"策划进行专题研讨，聚焦以下主题：四季活动中的"破""立"关系；如何融通节气、节庆、节点和节律以及传统、自然、社会、学校和儿童成长；四季系列活动不只是设计几个新活动，而是"学校新生活"的再创造。

---

① 叶澜. 溯源开来：寻回现代教育丢失的自然之维——《回归突破："生命·实践"教育学论纲》续研究之二（下编）[J]. 中国教育科学，2020（2）：27.

2018年，叶澜教授在全国"新基础教育"研究共生体第十次会议上做大会报告，提出要充分开发学校综合活动育人价值，对学校四季活动进行了整体构建。这期间，以"四季系列活动设计"为主题的《"生命·实践"教育学研究》第二辑正式发布。①

目前，这一领域的研究，在"新基础教育"实验学校内还在继续。庞庆举总结道："综合活动领域的四季系列探索，其基本目的是当代中国儿童的文化培根、主动健康成长，为此，秉持理论与实践交互生成、成人成事的基本原则，注重活动过程体验、活动综合育人，层层放手主动创造，在不同阶段以不同策略突破不同层面，同时持续累进、不断提升。在此过程中，形成了领域基本特质。"②而这样的思想、思路和策略，在成人学习、成人教育领域，也更值得探索。

（三）发挥农村学校办学优势

类似于对美丽乡村建设的重视，在学校研究中，叶澜一直关注乡村教育发展，也曾在"新基础教育"研究过程中探索农村学校综合改革之路。在教育与自然之关系的维度上，她更为认可乡村学校改革与发展的价值与事实上所具有的潜力。在她看来，中国大多数的学校在农村，农村学校的改革和特殊魅力的呈现，是实现教育中城乡双向互补，成就全局意义上的教育由现代向当代转化之关键、浓重的一笔。

她的核心思想表达，至少可以从以下两个方面来理解。

一是对于乡村学校发展独特优势的理解。她认为，由于长期以来城乡之间物质、精神、文化发展和文明状态的差异，农村学校在人们心目中往往成为落后的代名词，并且常以城市学校为标杆去追赶、改变，一批批、一处处

---

①② 庞庆举.综合活动领域的四季系列探索与创生——来自"新基础教育"四季系列活动的改革研究［J］.现代教学，2019（Z4）：29.

地扶助，都以城镇扶乡村为基本形态，很少见乡村优秀学校与发展欠佳城市学校之间的结对，更不见农村学校对城市学校的支持和帮助。这些改变农村教育的措施并非无意义，特别是政府对农村教育基本投入的保障，包括师资力量的配齐，必须先行得到落实。"在此要强调的是标杆问题，是农村学校有自己独特的优势与资源。"① 她认为："农村学校唯有办出了它的独特性，才有真活力。"②

二是对于乡村学校发展的可能性与现实性的判断。结合她自己的考察，她以深情的笔触写道：

> 我在对一些农村学校的初步调查中，就已发现许多有创意的实践。如上海市金山区的新农学校，开辟了"农趣园"，各种常见蔬菜瓜果、花卉的种植，把土地种植与高科技结合，使"农趣园"成了孩子们最爱去的地方；浙江省武义县的王宅小学在2018年秋开学初，举行了"丰收节"展示活动，孩子们把各自暑期参与农业活动的照片，对农具的认识和使用的展板，还有和父母一起动手制作的酱油、酱瓜等都拿到操场，或展览或销售，整个操场成了农业生产劳动和民俗生活、当地产品合成的一幅生动的农村生活长卷；教学楼内则展出了各年级在不同活动中创作的图画、摄影、诗歌、散文等组成的版面，留下了学生这一年暑假生活与成长体验的宝贵记忆。与此同时，这一活动又将学生的暑假带入了开学时光，实现了两种生活之间的交融。上海市金山区廊下小学则使学校的园林景观、日常的歌咏舞蹈等活动，融入了本地廊桥文化，还办起了展示学校发展历史的校史馆，在校史上使本土文化生根，又使学校的特色资源优势得到凝聚，提炼为一种精神和力量，学校也成了社区文化的资源和向外开放的窗口。

①② 叶澜. 溯源开来：寻回现代教育丢失的自然之维——《回归突破："生命·实践"教育学论纲》续研究之二（下编）[J]. 中国教育科学，2020（2）：28.

她得出的结论坚定而明确:"农村学校在基本条件具备的情况下,是可以大有作为的教育天地,是教育生根于自然之中,体现民族、民间文化并将其化作育人资源的宝地。"①

我们如果将这一视角从乡村中小学转换到乡村家庭教育、社区教育等领域,进一步关注身在乡村的青少年儿童、中青年人和老年人,更能体会到这一观点的重要意义。在一定意义上,没有对农村的全民终身学习的支持,不能建构起基于乡村的终身教育体系,我国的终身教育体系研究就是不完整的,也会因为这一欠缺而丢失太多宝贵的资源,减弱自然教育力。

总之,在叶澜看来,无论是宏观还是微观层面的教育改革,因"新自然观"的建立而带来的认识、思维、价值观和行为方式的重建,势在必行。学校丢失自然之维走了近一个半世纪,新时代中国社会寻找丢失和基于传统开创"教育与自然"内在关联和事实关联的当代之路,还才见构思与雏形。但她相信:"教育改革深化中'新自然观'实现的高境界是:依'教育所是'而行,达'自然而然'之境。"②

她还曾用富有诗意的语言,以丰富的自然意象,概括了所追求的教育最高境界——"自然而然":

(1)厚朴如树。扎根于土,坚实不移;不图虚名,不玩花样;成全生命,舒展成长。

(2)温润如玉。经久积淀,化为内质;光自心出,方得温润;自在自如,悦己养人。

(3)灵动如水。不畏高山,不惧险阻;一往无前,无怨无悔;坦荡

---

① 叶澜.溯源开来:寻回现代教育丢失的自然之维——《回归突破:"生命·实践"教育学论纲》续研究之二(下编)[J].中国教育科学,2020(2):28.

② 同①:3.

灵动，得大自在。

（4）绚丽如凤。生命多姿，五彩缤纷；精神奋发，涅槃重生；爱心不变，欢乐永存。①

---

① 叶澜.探教育之所"是"，创学校全面育人新生活——新时期"新基础教育"研究再出发[J].人民教育,2018(13-14):16.

参考文献

[1] 叶澜.教育概论[M].北京：人民教育出版社，2006.

[2] 叶澜.教育研究方法论初探[M].上海：上海教育出版社，1999.

[3] 叶澜.教育学原理[M].北京：人民教育出版社，2007.

[4] 叶澜等.基础教育改革与中国教育学理论重建研究[M].北京：经济科学出版社，2009.

[5] 叶澜."新基础教育"探索性研究报告集[M].上海：上海三联书店，1999.

[6] 叶澜."新基础教育"发展性研究报告集[M].北京：中国轻工业出版社，2004.

[7] 叶澜."新基础教育"成型性研究报告集[M].桂林：广西师范大学出版社，2009.

[8] 叶澜."新基础教育"论：关于当代中国学校变革的探究与认识[M].北京：教育科学出版社，2006.

[9] 叶澜，李政涛等."新基础教育"研究史[M].北京：教育科学出版社，2010.

[10] 叶澜."生命·实践教育学"论丛·第一辑：回望[M].桂林：广西师范大学出版社，2007.

[11] 叶澜."生命·实践教育学"论丛·第二辑：立场[M].桂林：广西师范大学出版社，2008.

[12] 叶澜."生命·实践教育学"论丛·第三辑：基因[M].桂林：广西师范大学出版社，2009.

[13] 叶澜."生命·实践教育学"论丛·第四辑：命脉[M].桂林：广西师范大学出版社，2009.

[14] 叶澜.回归突破："生命·实践"教育学论纲[M].上海：华东师范大学出版社，2015.

[15]陆有铨.躁动的百年:20世纪的教育历程[M].济南:山东教育出版社,1997.

[16]李政涛."新基础教育"研究传统[M].福州:福建教育出版社,2015.

[17]卜玉华.事理意蕴:"生命·实践"教育学理据之问[M].上海:华东师范大学出版社,2015.

[18]伍红林.学派建设:教育学内发展路径之探[M].上海:华东师范大学出版社,2015.

[19]孙元涛.研究主体:体制化时代教育学者的学术立场与生命实践[M].上海:华东师范大学出版社,2015.

[20]张永.生活美学:"生命·实践"教育学审美之维[M].上海:华东师范大学出版社,2015.

[21]张永.社区教育内涵发展论[M].上海:上海教育出版社,2018.

[22]朱敏.国际终身学习政策推展模式研究[M].上海:上海教育出版社,2017.

[23]张永.社区教育教师的工作特性与能力建设[M].上海:华东师范大学出版社,2018.

[24]王枬,等.学校教育时间和空间的价值研究[M].桂林:广西师范大学出版社,2020.

[25]上海终身教育研究院.中国终身教育研究(第一辑)[M].上海:上海交通大学出版社,2020.

[26]上海终身教育研究院.上海终身教育发展报告2017—2018[M].上海:上海人民出版社,2020.

[27]联合国教科文组织国际教育发展委员会.学会生存:教育世界的今天和明天[M].北京:教育科学出版社,1996.

[28]保尔·朗格朗.终身教育引论[M].周南照,陈树清,译.北京:中国对外翻译出版公司,1985.

[29]波伊尔.基础学校:一个学习化的社区大家庭[M].王晓平,等译.北京:人民教育出版社,1998.

[30]博尔诺夫.教育人类学[M].李其龙,等译.华东师范大学出版社,1999.

[31]埃德加·莫兰.复杂思想:自觉的科学[M].陈一壮,译.北京:北京大学出版社,2001.

[32] 埃德加·莫兰.复杂性理论与教育问题[M].陈一壮,译.北京:北京大学出版社,2004.

[33] 罗伯特·赫钦斯.学习型社会[M].林曾,李德雄,蒋亚丽,等译.北京:社会科学文献出版社,2017.

[34] 叶澜.论影响人发展的诸因素及其与发展主体的动态关系[J].中国社会科学,1986(3):83-98.

[35] 叶澜.关于加强教育科学"自我意识"的思考[J].华东师范大学学报(教育科学版),1987(3):23-30.

[36] 叶澜.时代精神与新教育理想的构建——关于我国基础教育改革的跨世纪思考[J].教育研究,1994(10):3-8.

[37] 叶澜.让课堂焕发出生命活力——论中小学教学改革的深化[J].教育研究,1997(9):3-8.

[38] 叶澜.反思 学习 重建——十五年学术探索的回顾[J].天津市教科院学报,2000(4):4-13.

[39] 叶澜.世纪初中国教育理论发展的断想[J].华东师范大学学报(教育科学版),2001(1):1-6.

[40] 叶澜.思维在断裂处穿行——教育理论与教育实践关系的再寻找[J].中国教育学刊,2001(4):3-8.

[41] 叶澜.试析中国当代道德教育内容的基础性构成[J].教育研究,2001(9):3-7.

[42] 叶澜.重建课堂教学过程观——"新基础教育"课堂教学改革的理论与实践探究之二[J].教育研究,2002(10):24-30+50.

[43] 王建军,叶澜."新基础教育"的内涵与追求——叶澜教授访谈录[J].教育发展研究,2003(3):7-11.

[44] 叶澜,李家成,杨小微,范国睿.推进素质教育:转换思路才能打开新局面[J].人民教育,2005(21):11-13.

[45] 叶澜."生命·实践"教育学派——在回归与突破中生成[J].教育学报,2013(5):3-23.

[46] 叶澜.人间"节"语[J].人民教育,2015(1):74.

［47］叶澜."新基础教育"内生力的深度解读［J］.人民教育,2016(Z1):33-42.

［48］叶澜.终身教育视界:当代中国社会教育力的聚通与提升［J］.中国教育科学,2016(3):41-67+40+199.

［49］叶澜.社会教育力:概念、现状与未来指向［J］.课程·教材·教法,2016(10):3-10+57.

［50］叶澜.终身教育视界的深刻意蕴:全时空性的全人发展——保尔·朗格朗带给我们的启示和价值［J］.人民教育,2017(1):13-18.

［51］叶澜.溯源开来:寻回现代教育丢失的自然之维——《回归突破:"生命·实践"教育学论纲》续研究之二(上编·其一)［J］.教育发展研究,2018(2):1-13.

［52］叶澜.溯源开来:寻回现代教育丢失的自然之维——《回归突破:"生命·实践"教育学论纲》续研究之二(上编·其二)［J］.教育发展研究,2018(3):26-37.

［53］叶澜.溯源开来:寻回现代教育丢失的自然之维——《回归突破:"生命·实践"教育学论纲》续研究之二(中编)［J］.中国教育科学,2020(1):3-17.

［54］叶澜.溯源开来:寻回现代教育丢失的自然之维——《回归突破:"生命·实践"教育学论纲》续研究之二(下编)［J］.中国教育科学,2020(2):3-29.

［55］叶澜.深化儿童发展与学校改革的关系研究［J］.中国教育学刊,2018(5):3.

［56］叶澜.中国哲学传统中的教育精神与智慧［J］.教育研究,2018(6):4-7+23.

［57］叶澜.探教育之所"是",创学校全面育人新生活——新时期"新基础教育"研究再出发［J］.人民教育,2018(Z2):10-16.

［58］叶澜.转化融通在合作研究中生成——四论教育理论与教育实践的关系［J］.教育研究,2021(1):31-58.

［59］李晓文.教育,要从学生的成长需要出发——形成于"新基础教育"改革实践的感悟［J］.人民教育,2010(11):4-8.

［60］李政涛.中国社会发展的"教育尺度"与教育基础［J］.教育研究,2012(3):4-11+34.

［61］厉以贤.社区教育的理念［J］.教育研究，1999（3）：20-24.

［62］厉以贤.社区教育·终身教育·学习社会［J］.中国成人教育，2001（11）：5-7.

［63］厉以贤.终身学习视野中的社区教育［J］.中国远程教育，2007（5）：5-12+48.

［64］庄俭.发展终身教育 推进学习型社会建设［J］.继续教育，2012（11）：3-5.

［65］吴遵民，李政涛.中国践行终身教育的本土化之路［J］.终身教育研究，2021（1）：12-19.

［66］李政涛.建立学校教育与社区教育的联动机制［J］.中小学管理，2005（3）：4.

［67］庞庆举.社会治理视野中的社区教育力及其提升研究［J］.教育发展研究，2016（7）：23-30.

［68］邵晓枫，刘文怡.中国学校与社区的教育共同体演进与构建［J］.现代远程教育研究，2020（4）：86-92.

［69］王枬.学校教育时空存在的问题分析［J］.教育学报，2019（1）：3-9.

［70］王枬.学校教育时间和空间的价值研究［J］.教育科学研究，2019（11）：93-96.

［71］叶澜."生命·实践"教育的信条［N］.光明日报，2017-02-21（13）.

［72］BU Y, LI J. The new basic education and whole school reform：a Chinese experience［J］. Frontiers of Education in China，2013，8（4）：576-595.

［73］GU H, YIN L, LI J. Making homework a catalyst of teacher-parents-children's collaboration：a teacher research study from an elementary school in china［J］. International Journal about Parents in Education，2015，9（1）：47-65.

［74］LI J, LI Y, YIN T. Does parents' involvement contribute to student's development? the parent-child homework experiment at a Shanghai migrant school［J］. International Journal about Parents in Education，2015，9（1）：1-9.

［75］LI J, WANG P, CHEN Z. Student developmental needs based parent partnership：a case study of Qilun elementary school in Minhang district, Shanghai［J］. International Journal of Parents in Education，2013，7（2）：31-41.

［76］BRONFENBRENNER U. The ecology of human development：experiments by nature and design［M］. Cambridge，Mass：Harvard University Press.

［77］LI Y, MORGAN L, LI Y, LI J. Calling for children friendly community life：

voices of children and parents from China[M]//CROSBY C, BROCKMEIER F. Community engagement program implementation and teacher preparation for 21st century education. Hershey, PA: IGI Global: 209-236.

[78] MORIN, E. Seven complex lessons in education for the future [M]. Paris: UNESCO Publishing, 1999.

[79] OECD. Trends shaping education 2019 [M]. Paris: OECD Publishing, 2019.

[80] ZHENG X, LIU H, LIN D, LI J. Achieving rural teachers' development by a web-based professional community: two cases from Guangdong province[M]// HILLER A. Spires: digital transformation and innovation in chinese education. Hershey, PA: 307-318.

[81] UNESCO. Institute for Lifelong Learning. Engaging families in literacy and learning [EB/OL].[2020-06-17]. https: //unesd oc. unesc o. org/ark: /48223 /pf000 02494 63_eng.

[82] UIL. COVID-19 education response [EB/OL].[2020-06-17]. https: //unesdoc. unesco. org/ark: /48223/pf0000373512.

[83] UNESCO Education Sector. UNESCO COVID-19 education response: unlocking the potential of family and intergenerational learning[EB/OL].[2020-06-17]. https: //en. unesco. org/covid19/educationresponse.

[84] UIL. Engaging families in literacy and learning[EB/OL].[2020-06-17]. https: // unesdoc. unesco. org/ark: /48223/pf0000249463_eng.

[85] UNESCO. COVID-19 Educational Disruption and Response[EB/OL].[2020-06-17]. https: //en. unesco. org/covid19/educationresponse.

[86] LYU K, XU Y, CHENG H, LI J. The implementation and effectiveness of intergenerational learning during the COVID-19 pandemic: evidence from China [EB/OL].[2020-06-17]. https: //doi. org/10. 1007/s11159-020-09877-4.

[87] UIL. Cork call to action for learning cities[R]. Hamburg: UNESCO, 2017.

[88] UIL. Inclusion-a principle for lifelong learning and sustainable cities background paper[R]. Hamburg: UNESCO, 2019.

［89］UIL. Beijing declaration on building learning cities［R］. Hamburg：UNESCO，2013.

［90］UIL. Mexico city statement on sustainable learning cities［R］. Hamburg：UNESCO，2015.

［91］UNESCO. Rethinking education：towards a global common good?［R］. France：Paris，2015.

后记　我辈当自强

> 教育学研究者，包括专业人员、教师和任何真诚投入者，其发展同样需要有生命自觉和责任担当，并在教育研究的实践中成事成人。①

——叶澜

　　本书的写作与笔者的工作和研究密切相连——是基于工作场所的变化，基于工作的需要，但更内在的动机，在于对于教育、人的发展、社会变革的原理性研究的追求，在于身为教育学人的自觉。

　　从1991年到1996年，作为教师，笔者直接体会到乡村教育的发展状态和变革可能，也在工作中自然地形成与学生、家长、社区人士的教育关系，参与到基础教育领域的教研活动、工作场所学习中，在工作中学习如何成为一名教师、一名学校管理者。同时，笔者投入到自学考试、高等教育函授等多类型的成人教育之中，在多类型的成人学习形态中获得发展。这一系列"终身学习"式的实践及体验，在近年来也都被唤醒，直接支持、鼓励着笔者投入高等继续教育

---

① 叶澜."生命·实践"教育的信条[N].光明日报.2017-02-21(13).

研究、社区教育研究、家校社协同教育研究、乡村教育研究等领域。

从1996年开始，连续六年的硕士研究生、博士研究生学习，笔者分别就读于东北师范大学和华东师范大学。这样的学习经历，尤其是教育学原理的稳定背景，使得笔者并不陌生于终身教育、学习型社会的相关研究，但对具体的实践研究，那时还意识不到其中存在着的具体内容、约定的边界和研究成果的表达方式等诸多区别。2002年之后，作为高校教师，笔者持续投入班级建设与儿童发展研究。在学校教育研究领域中，这是很具有开放性的，自然地会将学生的教育与家庭教育、社区教育沟通起来，与作为教育资源的天地万物联系起来。

虽有这一切前期的个人学习、生活和工作的经历与积累，但在2018年8月正式调入上海终身教育研究院工作以后，我还是遇到进一步整合、融通的挑战。

进入终身教育研究领域后，首先能发现的就是本领域政策、实践和理论所关注的内容，与基础教育、高等教育几乎没有直接的联系。也许，确保独立性和清晰的边界，是必要的自我保护和自我发展的策略。而作为终身教育领域的"新人"，努力了解、投入终身教育领域，成为笔者最重要的任务。截至本书写作完成，笔者用心体验着这个领域的独特性，认识尽可能多的本领域同行，开展尽可能多的学习，让自己尽可能快、尽可能高质量地融入这个研究领域；笔者也得到很多师长、朋友的支持和帮助，体会到这个学术领域中合作研究共同体的存在，感悟到人与人共学互学的价值。自2020年开始，笔者也通过写作而努力实现更高质量的融入，就终身教育的内涵、终身教育体系内主体之间的关系及机构之间的关系、终身教育发展战略、代际学习、家校社协同育人等主题，主动开展研究、呈现成果、开展学术交流。总之，努力未曾停息，笔者对当前终身教育研究的体验、理解和投入也越来越多。在这个过程中，笔者不断意识到通过基本理论研究和基础学科建设来促进本领域发展的迫切性。

研读叶澜的研究成果,笔者经常感到被唤醒、被激励。在新时代,在中国终身教育发展的背景下,我们能否实现以下三方面的突破?

一是新理论的创生和新研究方法论的建立。

理论可以在伟大的人类实践中发生与发展。在当前国际国内经济社会发展的新背景下,在科学技术继续发展、人类命运共同体不断构建的情境中,我们还能否如叶澜一样,如朗格朗、富尔一样,在伟大的时代背景下,形成终身教育的新理论,发展新的研究方法论?当提出这样的问题后,作为研究者之一的笔者,有了强烈的紧迫感。在这样的使命之下,研究者不自觉、不承担,就是辜负这个时代!

不要回避问题,不要无视问题,而要直面问题,不断超越今日之我们,以我们的研究与实践为问题解决、新事业的发展尽一份力量。在今天,在中国大地上,我们如何继续深探这个时代背景下的教育内涵,如何清晰认识新时代的终身教育价值与结构,如何在具体而微的终身教育实践中形成、发展新思想、新理论、新方法论,如何展现中国终身教育研究的原创性,这些都是我们这一代终身教育研究者必须应对的重要课题。

二是对当前终身教育实践创新的参与。

叶澜指出:"理论研究者需深度研究中国的教育实践。要形成中国话语体系的建构,必须要有对中国教育实践的了解,对其中的经验与问题及其产生的诸多原因有一个生态式把握。在改革的实践中向实践者学习,在与一线老师共同探讨和创造中逐渐对教育学问题有更加深入、系统的认识。"[①] 叶澜所领导"新基础教育"研究是基础教育领域中的改革项目,其所带领的以大学教师为主的专业研究团队长期坚持这一道路,能够极大鼓励、启发终身教育研究者。在当下的研究中,我们是否也能像叶澜一样,投入社区教育的创新中,融入老年教育的发展中,为高等继续教育的发展贡献一份力量,直接

[①] 叶澜,罗雯瑶,庞庆举.中国文化传统与教育学中国话语体系的建设——叶澜教授专访[J].苏州大学学报(教育科学版),2019(3):90.

践行家校社协同育人？不仅要认识、理解，而且要化为时间保障、真实投入、关系建构、实践生成！理论研究是重要的，但需要在与实践、政策的互动中不断发展，更需要在直接参与、甚至领导实践变革与政策更新中发展。

在投入终身教育领域并撰写本书过程中，笔者继续从事着在乡村教育、家校社合作等领域的改革实践，也更加认可这一发展路径的意义。其中，本人直接推动的代际学习研究，就是力图实现老年教育、儿童教育的融通，促成小学与老年大学之间的互联互通，进而直接在国际学术发展背景下开展对话。而且，在更多的研究领域中，笔者都继续追求理论与实践的结合，希望所讨论的思想性内容是有着真实的实践基础的，也希望不断将理论研究成果与政策研究沟通。笔者及团队成员所投入的研究实践，就是在不断开拓终身教育发展的新空间。

社区教育、老年教育等领域的研究者要敬畏实践、尊重政策，要身体力行地参与其中，要成为中国终身教育实践变革与政策更新的参与者甚至领导者。

三是国内与国外终身教育研究中的担当。

在笔者撰写本书的过程中，上海终身教育、学习型城市建设有了更多国际对话的平台，也在不断呈现上海终身教育发展的独特性。作为一座超大城市，作为有着独特的江南文化和中国特点的城市，其学习型城市建设的战略、路径、方法及丰富多元的案例，为国际同行所关注。

叶澜也表达出这样的思想："我们想通过'生命·实践'教育学的创生，在世界舞台上发出中国教育学者的声音。这声音将揭示平凡教育事业蕴含的丰富与伟大，蕴含的与人类最基础的存在——生命与实践不可分割的内在联系，蕴含的对创造、智慧和发展的呼唤，蕴含的对健康人性、幸福人生、美好社会的价值追求。"[①] 在一次访谈中，她也表达了这样的期待："更重要的

---

① 叶澜.我与"新基础教育"——思想笔记式的十年研究回望[A]//丁钢.中国教育：研究与评论（7）.北京：教育科学出版社，2004：56.

是，要使中国的文化传统在当代呈现出新的活力。我们的文化传统是一种人间哲学、成人哲学，我们的教育学是成事成人的教育学。我希望有更多真正把中国教育和教育学发展作为自己生命重要构成的年轻人一起来创造我们中国教育学的新天地，让我们的教育学在世界教育学之林中有自己的地位。"[1]

作为终身教育领域的研究者，笔者与合作者一起，努力保持对国际上终身教育理论、政策与实践成果的敏感，不断学习、介绍，但更着力于促成本土实践与理论的发展，实现基于本土的研究成果的国际传播、国际对话。通过一次次的国际学术会议，通过一篇篇中英文材料的撰写和分享，我们在做切实的努力。

终身教育研究无止境。我们每一天的投入，每一份的努力，都会让终身教育研究形成新格局，焕发更强的生命力！

我辈当自强！

李家成
2021年6月

---

[1] 叶澜，罗雯瑶，庞庆举.中国文化传统与教育学中国话语体系的建设——叶澜教授专访［J］.苏州大学学报（教育科学版），2019(3)：90.